QUESTIONS

DE

LITTÉRATURE LÉGALE.

IMPRIMERIE DE LE NORMANT.

QUESTIONS

DE

LITTÉRATURE LÉGALE.

———— ⊛ ————

DU PLAGIAT.
DE LA SUPPOSITION D'AUTEURS,
DES SUPERCHERIES
QUI ONT RAPPORT AUX LIVRES.

———— ⊛ ————

OUVRAGE QUI PEUT SERVIR DE SUITE AU

DICTIONNAIRE DES ANONYMES
ET A TOUTES LES BIBLIOGRAPHIES.

PARIS,
BARBA, LIBRAIRE, PALAIS-ROYAL, N°. 51,
DERRIÈRE LE THÉATRE FRANÇAIS.

———— ⊛ ————

1812.

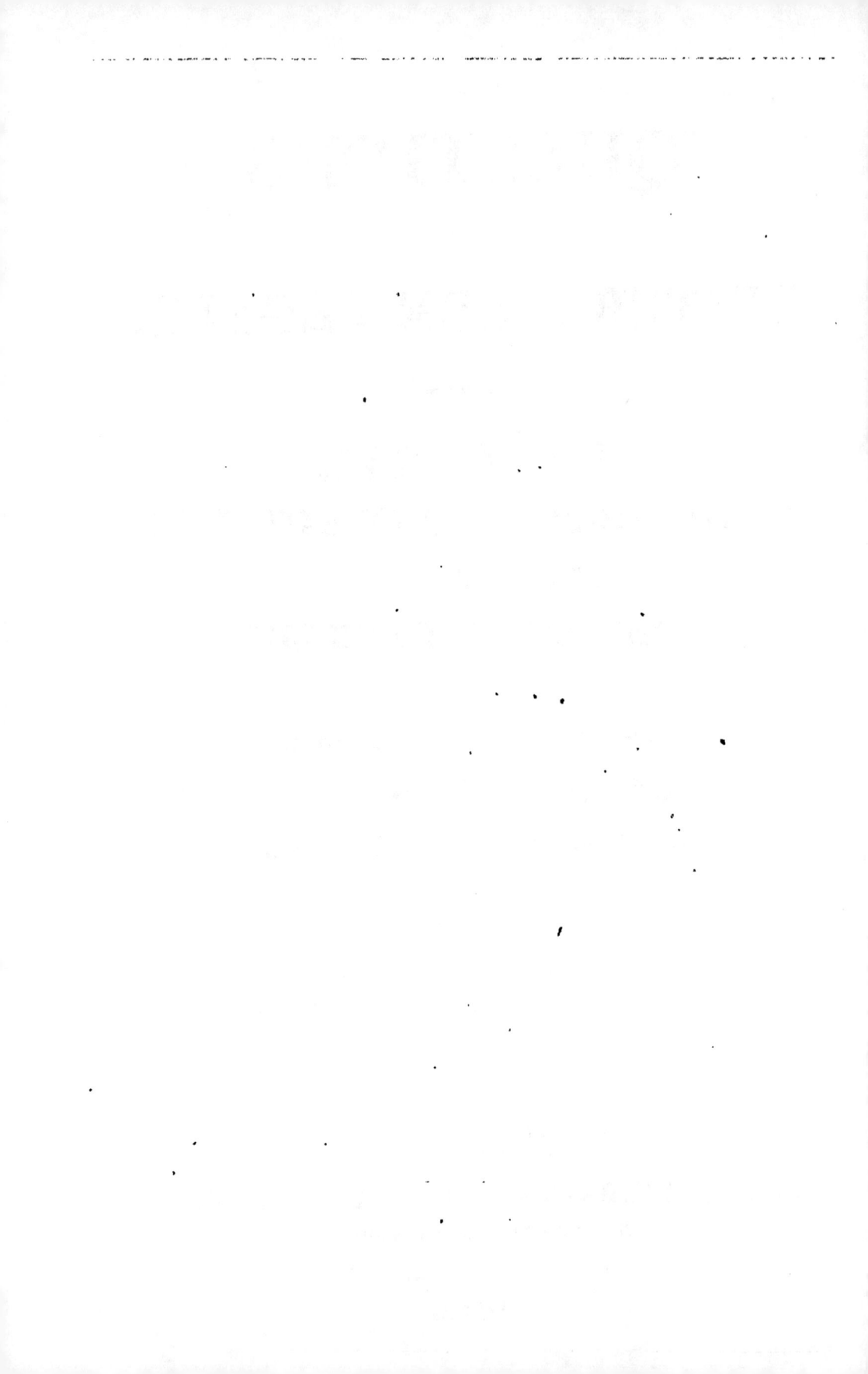

A M. C. W****.

NE t'effraies pas, mon ami, du titre un
peu ambitieux de cette brochure. Je ne
suis pas devenu juriste, et je ne me
propose pas de t'entretenir d'autre chose
que de ces doctes bagatelles qui ont
amusé jusqu'ici notre vie. Un autre y
coudra le fatras de Barthole, si la matière
le permet; quant à moi, je me suis
contenté d'indiquer certains des délits
dont l'exemple se renouvelle le plus
souvent dans l'histoire littéraire, et de
broder ce fonds de peu d'importance de
quelques anecdotes curieuses, que ma
mémoire avoit conservées par hasard.
Tu sais que je n'ai pas d'autre guide
aujourd'hui, et que la fortune m'a placé
dans un état où je ne puis ni rassembler
des livres, ni profiter de ceux des autres ;
mais que, riche de la facilité de conserver
quelques titres et quelques dates, je me
tiens lieu à moi-même d'une mauvaise
bibliographie: pitoyable avantage, à la
vérité, s'il ne prouvoit pas en même
tems une faculté de réminiscence qui me
procure des sensations plus heureuses,
et, entr'autres, le souvenir toujours
plus cher, de ta vieille et fidèle amitié.

Je suis bien sûr d'avance, que les pages
que tu vas parcourir ne t'apprendront
pas une seule circonstance utile, et il y
en a deux bonnes raisons : la première,
c'est qu'il est très difficile, à ce que disent

les plus savans hommes de notre tems, de t'apprendre quelque chose; la seconde, c'est que cet écrit est d'une érudition fort médiocre, et qu'il ne mériteroit certainement pas les honneurs de l'impression, s'ils n'étoient accordés qu'aux notions nouvelles et intéressantes, comme cela devroit être.

Tu pourras y voir, cependant, çà et là, certaines opinions qui ne sont pas si peu hasardées qu'elles passent sans contestation. Je m'en rapporte volontiers à ton jugement, et même à celui des autres, parce que je reconnois volontiers mon infériorité envers quiconque se mêle d'avoir une opinion en littérature; mais je n'ai pas hésité à les exprimer ici, parce que j'exprime avec plaisir tout ce que je pense. Une erreur en morale mène loin; mais c'est une bagatelle en matière de critique, et tellement, que je ne doute pas de l'indulgence de ceux que la mienne auroit lésés. Dans tous les cas, il n'y a rien de plus loin de mon cœur que l'intention de blesser un talent, et même d'offenser une manie. Je discute assez mal à propos, peut-être, sur un point que j'entends assez mal; mais je ne dispute point, et je ne vois rien de pis que d'aller troubler le repos d'un honnête homme, dont on voudroit être l'ami, si on l'avoit rencontré une seule fois, à l'occasion d'une niaiserie philologique, qui n'intéresse personne. C'est pour cela que la difficile profession de nos journalistes m'a toujours effrayé, et que je ne les ai jamais lus sans être tenté de plaindre cette vocation nécessaire, mais douloureuse, qui les force à immoler tous les jours des victimes humaines à la défense du goût. Je t'avoue, entre nous, que j'aimerois mieux, à leur place, laisser passer un mauvais livre, qui mourroit tout aussi bien, et peut-être plus vite, du vice qu'il a apporté en naissant, que d'aller bourreler son père d'un supplice inutile, son père qui lui auroit si doucement survécu sans s'en apercevoir. Ne vas pas croire, pourtant, que j'use ici de précaution oratoire, pour faire tomber de la main de César la sentence de Ligarius, car Ligarius ne me touche pas du tout; c'est un enfant dédaigné, auquel je n'attache ton nom que pour me laver du reproche de n'avoir rien fait pour lui. Si, un jour, je consacre notre amitié, par un testament dans le genre de celui d'Eudamidas, je tâcherai de te laisser une fille plus capable d'honorer son tuteur.

Voilà, diras-tu, une épître dédicatoire qui ressemble à une préface. Peut-être, même, trouveras-tu qu'elle ne ressemble à rien : j'y consens, pourvu que tu veuilles y trouver au moins une marque de ma déférence pour ton goût, de mon estime pour ton caractère, et de mon éternelle amitié. E. de N********.

TABLE DES MATIÈRES,

Selon l'ordre des Paragraphes.

FIN DE LA TABLE DES MATIÈRES.

TABLE

DES AUTEURS

ET DES LIVRES CITÉS,

Avec le numéro du Paragraphe.

QUESTIONS
DE LITTÉRATURE LÉGALE.

I. O<small>N</small> est convenu d'appeler *imitation* toute traduction d'une langue morte introduite dans un
ouvrage d'imagination (1), qui n'est pas lui-même
la traduction exacte de l'écrit dont elle est tirée.

Virgile a imité Homère; Racine, les tragiques
grecs; Molière, Plaute; Boileau', Juvénal et Horace, etc., sans encourir de reproche. Mais il n'en
est pas de même des prosateurs du genre simple,
qui n'ont point de traits brillans à dérober, comme
si l'importance du vol en diminuoit la gravité.
Montaigne a commis beaucoup de plagiats sur
Sénèque et sur Plutarque; mais il s'en accuse à

(1) Je dis, *dans un ouvrage d'imagination*, parce que je
ne pense pas qu'il en soit de même dans les ouvrages de
sciences, et en voici la raison : le poëte et particulièrement le
poëte dramatique qui s'empare d'une idée ingénieuse ou sublime, et qui la fait passer dans sa langue, n'est pas maître de
citer. Il y a d'ailleurs dans l'application du langage élégant et
mesuré, de la poésie à une pensée quelconque, une espèce
de mérite propre qui distingue le poëte du prosateur; enfin,
ce genre d'emprunt est consacré par l'avis unanime des cri-

tout moment, et déclare qu'il est bien aise que ses critiques donnent à Sénèque des nazardes sur son nez. Une partie de ces beaux chapitres, *que philosopher c'est apprendre à mourir*, et *d'une coutume de l'isle de Cea*, en est visiblement tissue. Il est plus facile que Montaigne ne le croyoit, de reconnoître la phrase courte, figurée, sentencieuse, presque toujours *antithétique* de Sénèque, au travers de la riche abondance de son style, étendu sans être lâche, et détaillé sans être prolixe.

On ne considère encore que comme *imitation* l'emprunt qu'un auteur fait à une langue vivante, étrangère à la sienne. On a mis sur notre scène, sans être accusé de plagiat, de fort beaux passages d'Alfini et de Shakespeare, et les philosophes du dernier siècle doivent la plupart de leurs raisonnemens à quelques auteurs anglais. Je crois toutefois qu'il y a quelque défaut de délicatesse à s'emparer d'un trait admirable, et à le faire passer pour sien, soit quand on le tire d'une langue étrangère, soit quand on le tire d'une langue morte. C'est donc un cas de conscience en littérature que le procédé de notre grand Corneille, qui a servilement copié

---

tiques. C'est toute autre chose de traduire, *sans le nommer*, un auteur étranger ou ancien qui a écrit sur des matières positives, et dont le mérite consiste, ou dans certaines découvertes, ou dans l'ordre qu'il a donné aux découvertes des autres, ou dans la manière dont il les a exprimées. Cette traduction *subreptice* est un véritable plagiat, un vol caractérisé, et l'on n'en a jamais jugé autrement.

une belle et touchante pensée de Caldéon dans sa tragédie d'*Héraclius* :

O malheureux Phocas ! ô trop heureux Maurice !
Tu retrouves deux fils pour mourir après toi !
Je n'en puis trouver un pour régner après moi.

Ce qu'il y a de certain, c'est que nos critiques ont fort sévèrement accusé Caldéron de ce plagiat, tant qu'il n'a pas été prouvé que la *fameuse* comédie, *Tout est vérité, tout est mensonge*, avoit sur *Héraclius* une priorité de quelques années.

Au reste, le plagiat commis sur les auteurs modernes, de quelque pays qu'ils soient, a déjà un degré d'innocence de moins que le plagiat commis sur les anciens, et beaucoup d'écrivains d'une délicatesse sévère l'ont nettement désapprouvé. « Si » j'ai pris quelque chose, dit Scudéry, dans les » Grecs et dans les Latins, je n'ai rien pris du tout » dans les Italiens, dans les Espagnols, ni dans les » Français, me semblant que ce qui est étude chez » les anciens est volerie chez les modernes. » On peut répondre qu'il valoit mieux voler comme Corneille, que d'inventer comme Scudéry ; mais si l'autorité de ce dernier n'est pas bien puissante, son opinion a du moins une apparence de raison et de probité qui mérite des égards. C'étoit celle aussi de Lamothe-le-Vayer, qui dit dans une de ses lettres, rapportée par Bayle au mot *Ephore* : « *Prendre des anciens et faire son profit de ce qu'ils* » *ont écrit, c'est comme pirater au-delà de la ligne ;* » *mais voler ceux de son siècle, en s'appropriant* » *leurs pensées et leurs productions, c'est tirer la*

» *laine au coin des rues, c'est ôter les manteaux*
» *sur le Pont-Neuf.* Je crois que tous les auteurs
» conviennent de cette maxime, qu'il vaut mieux
» piller les anciens que les modernes, et qu'entre
» ceux-ci il faut épargner ses compatriotes, pré-
» férablement aux étrangers. La piraterie littéraire
» ne ressemble point du tout à celle des armateurs:
» ceux-ci se croyent plus innocens lorsqu'ils exer-
» cent leur brigandage dans le nouveau monde,
» que s'ils l'exerçoient dans l'Europe. Les autres,
» au contraire, arment en course bien plus hardi-
» ment pour le vieux monde que pour le nouveau ;
» et ils ont lieu d'espérer qu'on les louera des prises
» qu'ils y feront..... tous les plagiaires, quand
» ils le peuvent, suivent le plan de la distinction
» que j'ai alléguée ; mais ils ne le font pas par
» principe de conscience. C'est plutôt afin de n'être
» pas reconnus. Lorsqu'on pille un auteur moderne,
» la prudence veut qu'on cache son larcin ; mais
» malheur au plagiaire s'il y a une trop grande
» disproportion entre ce qu'il vole, et ce à quoi il
» le coud. Elle fait juger aux connoisseurs, non-
» seulement qu'il est plagiaire, mais aussi qu'il
» l'est maladroitement..... *L'on peut dérober à la*
» *façon des abeilles, sans faire tort à personne,*
» dit encore Lamothe-le-Vayer ; *mais le vol de la*
» *fourmi qui enlève le grain entier, ne doit jamais*
» *être imité.* »

Quoi qu'il en soit, l'opinion la plus générale
donne à l'imitation, ou si l'on veut au plagiat

innocent, la latitude que j'ai déterminée tout à l'heure. Aucune langue ne peut condamner l'écrivain à qui elle a l'obligation d'être journellement enrichie de toutes les conquêtes qu'il lui plaît de faire sur les autres ; et si le procédé de l'auteur n'est pas d'une extrême sévérité morale, il n'en résulte cependant aucun désavantage social qui puisse en balancer l'utilité ; c'est pourquoi le cavalier Marin ne faisoit pas difficulté de dire que prendre sur ceux de sa nation, c'étoit larcin ; mais que prendre sur les étrangers, c'étoit conquête. Le génie a d'autres moyens, à la vérité, de lutter avec une nation rivale ; mais on a pensé que celui-là même n'étoit pas à dédaigner.

An dolus, an virtus, quis in hoste requirat ?

Le troisième genre d'imitation ou de plagiat autorisé est celui qui ne consiste qu'à transmettre en vers la pensée d'un auteur national et même contemporain, mais qui écrivoit en prose. Par exemple, Corneille n'a fait que rimer une superbe page de Montaigne, au chapitre qui a pour titre : *Divers événemens de même Conseil*, pour en composer la scène admirable de la *Clémence d'Auguste* ; et Montaigne, lui-même, a littéralement copié ce passage de Sénèque (A. Voltaire a emprunté de la page qui précède les paroles si célèbres de Gusman au dénoûment d'*Alzire* (B ; et Rousseau a pris dans deux lignes du chap. 2 du livre 3, l'idée, le sentiment et le tour des bonnes strophes de l'*Ode à la Fortune* (C.

Le quatrième genre, qui est beaucoup plus ex‑
traordinaire sans être moins consacré, est le pla‑
giat qui a lieu d'un bon écrivain sur un mauvais.
C'est une espèce de crime que les lois de la répu‑
blique littéraire autorisent, parce que cette société
en retire l'avantage de jouir de quelques beautés qui
resteroient ensevelies dans un auteur inconnu, si
le talent d'un grand homme n'avoit daigné s'en
parer. Ainsi nous admirons les vers de *la Henriade*,
sans nous informer s'il n'en est pas quelques-uns
que le poëte a enlevés à l'obscur Cassaigne (D; et
nous n'avons jamais accusé Racine du vol de ce
beau passage dont il a dépouillé le plus ignoré de
nos vieux tragiques :

> Dieu laisse-t-il jamais ses enfans au besoin ?
> Aux petits des oiseaux il donne la pâture ,
> Et sa bonté s'étend sur toute la nature.

« Du Ryer avoit dit avant M. de Voltaire, dit
» Marmontel, que les secrets des destinées n'é‑
» toient pas renfermés dans les entrailles des vic‑
» times (E; Théophile, dans son *Pyrame*, pour
» exprimer la jalousie, avoit employé le même
» tour et les mêmes images que le grand Corneille
» dans le ballet de *Psyché* (F; mais est-ce dans
» le vague de ces idées premières qu'est le mérite
» de l'invention du génie et du goût ? Et si les
» poëtes qui les ont d'abord employées les ont
» avilies, ou par la foiblesse, ou par la bassesse et
» la grossièreté de l'expression, ou si, par un mé‑
» lange impur, ils en ont détruit tout le charme,

» sera-t-il interdit à jamais de les rendre dans leur
» pureté, et dans leur beauté naturelle? De bonne-
» foi, peut-on faire au génie un reproche d'avoir
» changé le cuivre en or? »

C'est en effet un délit dont on se fait si peu de
conscience, que Virgile se flattoit d'avoir tiré des
paillettes précieuses du fumier d'Ennius (1), et que
Molière, en parlant de deux scènes très ingé-
nieuses des *Fourberies de Scapin* qui avoient fait
rire tout Paris, dans le *Pédant joué* de Cyrano,
s'excusoit de ce larcin en disant qu'il est permis
de reprendre son bien où on le trouve. Marivaux
n'avoit pas les mêmes droits, et cependant il ne
craignit point de reproduire, dans *les Jeux de l'A-
mour et du Hasard*, *l'Epreuve réciproque* de Legrand,
qui est encore au théâtre : cette espèce de vol est
fort commune parmi les auteurs dramatiques, et il
y en a peut-être une assez bonne raison : c'est
qu'un des principaux mérites de la Comédie étant
dans la peinture des mœurs qui sont un sujet mobile
et variable à l'infini, les sujets les plus avantageusement traités peuvent perdre, au bout de quelque
temps, l'avantage de cette peinture, quand elle s'est
bornée surtout à des traits momentanés ou locaux,
car cela est moins vrai pour la haute comédie et
les caractères saillans. Il n'est donc pas étonnant
que beaucoup de poëtes aient cru pouvoir s'em-

---

(1) Voyez le curieux recueil qu'en a fait Macrobe, dans le
cinquième livre de ses *Saturnales*, qui traite des plagiats de
Virgile.

parer d'un sujet qui n'avoit plus de charme au théâtre, à défaut de cette vérité de tableau, de cette propriété de mœurs, qu'on n'exige pas moins dans la composition dramatique que l'intérêt de l'action et la régularité du plan. Le poëte n'eût-il alors aucune part dans le fond de la conception, et même dans la disposition des scènes, on ne pourroit encore lui contester beaucoup de mérite, s'il y introduit du moins cette partie importante et difficile que son original n'offroit plus au même degré. On peut appliquer ces remarques au jeune auteur dont le prétendu plagiat a occupé dernièrement tous les oisifs de la capitale, et qui prouvera d'ailleurs plus d'une fois à l'avenir ce dont son talent est capable quand il s'y livre d'après lui-même, comme il l'a probablement toujours fait. (1)

Il y avoit plus de franchise dans la cinquième espèce de plagiat innocent, et le voleur y mettoit du moins un peu plus de son industrie. Je veux

---

(1) Cette querelle scandaleuse dure encore au moment où j'écris. Il est également remarquable et funeste qu'un beau talent ne puisse pas s'élever chez nous, sans qu'une sanglante inimitié s'élève à côté, car il est impossible de méconnoître la prévention et la haine dans toutes les menées dont M. Etienne est l'objet. Il y a, du moins, quelque chose de bien consolant pour lui dans cette espèce de persécution littéraire : c'est qu'on n'en a jamais vu de pareille s'acharner à la médiocrité. Le berceau du génie est comme celui d'Hercule, il est entouré de serpens.

parler du *Centon*; genre de poésie en mosaïque,
enfanté au milieu des caprices d'une littérature en
décadence, et qui n'est recommandé par aucun nom
classique. Il consistoit à composer sur un sujet nouveau un poëme tissu de vers ou de sections de vers
empruntés d'un poëte ou de plusieurs poëtes anciens,
et appliqués le plus souvent à des acceptions très
étrangères à leur emploi originel. Ce puéril labeur
est tombé en désuétude avec les acrostiches et les
vers lettrisés; mais le secret ne s'en est pas tout-à-fait
perdu, et la plupart de nos poëmes modernes rap-
pellent assez bien les anciens centons, à cela près
qu'ils se font annoncer aujourd'hui par un titre moins
indiscret, et que le procédé de leur composition
n'est plus révélé aux lecteurs.

II. De tous les emprunts qu'on peut faire à un
auteur, il n'y en a certainement point de plus excusable que la citation, puisqu'il est souvent nécessaire, et particulièrement dans la critique littéraire
et dans les sciences. Il y a même quelque modestie
qui sied bien à un écrivain d'appuyer sa pensée de
quelque autorité étrangère, ou de recourir à l'expression d'un autre, en défiance de la sienne propre;
mais c'est un usage qui peut encore dégénérer en
abus, et, dans Montaigne lui-même, je n'aime que
jusqu'à un certain point ce qu'il appelle *la farcis-
sure de ses exemples*. On a, de nos jours, trouvé
le moyen de vendre au public des ouvrages qui
existent en détail dans toutes les bibliothèques, en

composant des espèces de *Centons* de prose, où il n'y a rien de neuf que l'agencement. Encore est-il rare qu'on daigne indiquer au lecteur, par un renvoi en chiffres microscopiques, l'écrivain et le lieu d'où ces pièces de rapport sont tirées ; et si on le fait de temps en temps, c'est pour se défendre par quelque apparence de bonne foi du soupçon d'un vol continuel qui est cependant très effectif. Je parcours de gros volumes de ce temps, desquels, si l'on vouloit en enlever tout ce qui est la légitime propriété d'autrui, il ne resteroit à l'auteur que la table des chapitres, comme dans les livres de cet Ephore l'historien, où l'on comptoit jusqu'à trois mille lignes copiées de différens auteurs. Bayle parle d'un certain Victorin Strigelius, qui avoit porté l'indécence du plagiat encore plus loin, et qui étoit assez impudent pour en convenir, en offrant revanche sur ses écrits aux auteurs qu'il avoit dépouillés. Je ne connois Strigelius que par ce trait ; mais je doute fort que le marché qu'il proposoit ait convenu à personne, quoiqu'il n'y ait point d'auteur si pitoyable où les plagiaires ne trouvent à prendre. Pour revenir à la citation et à ses abus, en est-il de pire que celui qu'en faisoit le philosophe Chrysippe, qui poussa la manie de grossir ses livres de citations parasites au point qu'il y enferma une fois toute la *Médée* d'Euripide ? Cet usage étoit d'ailleurs peu considéré des anciens, et on remarquoit avec éloge qu'Epicure eût écrit trois cents volumes sur différens sujets sans alléguer un seul auteur.

III. L'application ou allusion est une citation spirituelle, et qui donne même quelquefois au passage cité un mérite qu'il n'avoit point dans sa première place. C'est une manière ingénieuse de rapporter à son discours une pensée très connue, de sorte qu'elle diffère de la citation en ce qu'elle n'a pas besoin de s'étayer du nom de l'auteur, qui est familier à tout le monde, et surtout parce que le trait qu'elle emprunte est moins une autorité, comme la citation proprement dite, qu'un appel adroit à la mémoire du lecteur, qu'il transporte dans un autre ordre de choses, analogue toutefois à celui dont il est question. Cette distinction est très facile à éclaircir par un exemple. Quand *l'Intimé* dit :

Mes rides sur mon front ont gravé mes exploits,

il n'y a point dans ce vers de citation proprement dite, mais une allusion que la rencontre des homonymes rend encore plus plaisante. Corneille eut tort d'y voir une secrète intention de dérision et de parodie, puisqu'il est au contraire de la nature de l'allusion de ne s'attacher qu'aux plus beaux passages des auteurs, qui sont présens à l'esprit de tous les lecteurs, sans quoi elle manque son but, qui est dans ce rapprochement d'idées dont je parlois tout-à-l'heure. Le sel de cette allusion de *l'Intimé* consiste particulièrement à mettre en rapport deux choses aussi éloignées que les travaux d'un huissier et ceux d'un grand capitaine, et la comparaison est d'autant plus comique ; qu'elle est plus outrée.

Veut-on un exemple d'une allusion magnifique ? on la trouvera dans l'exorde si fameux de l'oraison funèbre de Turenne par Fléchier. Ce n'est pas de Turenne qu'il parle, c'est de Machabée ; mais l'âme des auditeurs, promptement frappée d'un rapprochement si naturel et si heureux, sait gré à l'orateur de la nouvelle série de pensées qui se succèdent devant elle. Ce sont les plus grands souvenirs de la religion liés aux plus grands souvenirs de l'histoire, et la pompe même de l'éloquence divine qui se prête à l'éloge d'un guerrier chrétien. Jamais le sens propre, tout admirable qu'il fût d'ailleurs, n'auroit pu atteindre à l'éclat de cette figure.

L'allusion est donc si loin d'être comptée au nombre des plagiats, qu'elle fait au contraire infiniment d'honneur à l'esprit ingénieux qui sait la mettre en œuvre. Une citation proprement dite n'est jamais que la preuve d'une érudition commune et facile ; mais une belle allusion est quelquefois le sceau du génie.

IV. Il y a une manière de plagiat apparent qui mérite cependant quelques égards, parce que l'imagination conçoit très bien qu'on puisse y être innocemment tombé ; je veux dire une similitude d'idées suggérée à deux auteurs divers par un sujet analogue ou tout-à-fait pareil. Ainsi Philippe de Commines ayant à parler essentiellement, suivant

la marche de son sujet, de l'ingratitude des grands,
et des précautions qu'on doit prendre dans leur
service, s'exprime ainsi : « Il se fault bien garder
» de faire tant de service à son maistre, qu'on l'em-
» pesche d'en trouver la iuste récompense. » En
quoi il se rencontre avec Tacite, qui dit : *Bene-
ficia eò usque læta sunt, dùm videntur exsolvi posse ;
uti multùm antevenere pro gratiâ odium redditur,
Lib.* 4, *cap.* 18, *annal.* Sénèque, dont voici les
termes : *Nam qui putat esse turpe non reddere, non
vult esse cui reddat. Epist.* 81, *sub fin.* Et Cicéron,
qui tient à peu près le même langage : *Qui se non
putat satisfacere, amicus esse nullo modo potest. De
Petition. Consul., cap.* 9. Il me semble qu'il n'y a
dans cette analogie qu'une parenté de pensées
extrêmement naturelle et innocente de tout plagiat.
L'analogie des idées est encore plus excusable, s'il
est possible dans deux savans qui traitent concur-
remment la même matière, et qui sont obligés de
remonter aux mêmes sources. Lambin eut donc
tort d'accuser Jean-Michel Brutus pour quelque
rapport qui s'étoit trouvé entre leurs observations
sur Cicéron ; et le philologue attaqué répliqua très
judicieusement : *Se sumpsisse ab aliis, non vero
surripuisse. Sumere enim eum, qui, a quo mutuetur,
indicet ; et laudet, quem auctorem habeat : surripere
vero qui taceat, qui ex alterius industriâ fructum
quærat.* (1)

---

(1) Voilà une distinction pleine de sens, et qui me paroissoit
digne d'être alléguée dans les dernières affaires de plagiat, qui

Ménage raconte, ou ses amis pour lui, dans l'excellent *Ana* qui porte son nom, que plusieurs années après la composition d'une épigramme latine dont il étoit fort content, il eut la douleur de la retrouver toute entière dans les poésies de Muret, qu'il n'avoit, ce me semble, pas encore lues. Cette rencontre est si bizarre, qu'elle en paroît incroyable. J'en ai vu pour ma part quelques-unes du même genre, quoique d'un rapport moins absolu, et par conséquent moins étrange. Il ne faut donc condamner qu'avec réserve les écrivains dans lesquels on remarque des choses qui se trouvent ailleurs, et se rappeler la jolie épigramme du chevalier d'Accilly :

> Dis-je quelque chose assez belle ?
> L'antiquité tout en cervelle
> Prétend l'avoir dite avant moi.
> C'est une plaisante donzelle !
> Que ne venoit-elle après moi ?
> J'aurois dit la chose avant elle.

La réminiscence est un plagiat apparent, de même nature que celui-ci, et qui est pourtant plus coupable, parce qu'on a plus de raisons de s'en défendre. Elle sert, au reste, d'une excuse commode, et qu'on trouve quelquefois suffisante, à des plagiats bien caractérisés. Certainement, quand Racine a dit :

> Et ce même Sénèque, et ce même Burrhus,
> Qui depuis... Rome alors admiroit leurs vertus.

ont occupé les tribunaux de Paris. Elle y auroit eu d'autant plus de poids sans doute, qu'elle venoit d'un homme accusé lui-même du délit qu'il définit si parfaitement.

Quand ce passage se trouve dans une de ses pièces les plus classiques, et dans une scène que tout le monde sait par cœur, on a peine à justifier Voltaire d'écrire ces vers d'une conformité si ponctuelle :

> Et ce même Biron, ardent, impétueux,
> Qui depuis... mais alors il étoit vertueux.

Un orateur académique se servit, il y a quelque temps, du même tour ; mais, transporté de la poésie dans la prose, il ne peut être regardé que comme une allusion.

Enfin, s'il n'y a pas un plagiat réel dans les différens genres d'analogie entre deux écrits que je viens de remarquer, il y en a moins encore quand l'analogie, au lieu de se trouver dans quelques particularités de la composition, est dans le choix même d'un sujet connu. Ceux qui sont empruntés de la religion, de la mythologie, de l'histoire, appartiennent à tout le monde, et il n'y a rien à blâmer dans l'auteur qui en traite un de cette espèce, si la conformité ne s'étend pas au delà du titre et même d'une certaine disposition générale, qui peut se présenter également à tous les esprits ; car il n'y a point de pensée fondamentale qui ne se subdivise d'abord et à peu près de la même manière pour tous les hommes. Il étoit donc souverainement injuste d'aller chercher dans l'*Adamo* d'Andreini, et dans la *Sarcotis* de Masenius, l'original du sublime poëme de Milton. Il y auroit eu quelque rapport entre ces deux pitoyables ouvrages et *le Paradis*

perdu, qu'il ne pourroit nullement s'appeler plagiat.
L'extraordinaire seroit, au contraire, qu'il n'y en
eût aucun, puisqu'il n'est pas arrivé, depuis que
l'on écrit, que le même sujet donné ne suggérât pas
quelques détails semblables aux auteurs qui le trai-
toient. La gloire de l'épopée est enviée avec tant de
fureur par les petits esprits, que la même manœuvre
doit se reproduire toutes les fois qu'il paroîtra un
autre Milton. Ne s'est-on pas obstiné à chercher dans
la plus brute et la plus ridicule des productions de
notre langue toute informe, le germe de *la Henriade ?* Qu'en est-il résulté? Que personne n'a pu
lire le détestable poëme que Voltaire lui-même n'a-
voit peut-être pas lu; que les critiques sont oubliées,
et que *la Henriade* conserve une place assez honorable au second rang des épopées.

En général, on est trop facile à porter cette
accusation de plagiat, qui est assez flétrissante pour
qu'un honnête homme se fasse un devoir de ne la
recevoir que comme un point de critique, et autant encore qu'elle est appuyée de puissantes pro-
babilités. Conséquemment, un Banduri ne sera point
dépouillé de ses ouvrages en faveur de L. Fr. Jos.
de la Barre, tant que l'assertion hasardée dans *l'Esprit des Journaux* de janvier 1759, p. 210, n'aura
point été justifiée par de meilleures preuves; on
laissera à l'abbé Sabatier le peu de gloire qui peut
résulter pour lui de la composition *des trois Siècles
littéraires*, sans en revêtir un ecclésiastique inconnu;
on ne contestera plus à Toussaint la propriété de ce

livre *des Mœurs*, que la persécution sauva de l'obscu-
rité; et si je m'en tiens à ces exemples, c'est que je
me ferois moi-même scrupule de renouveler de pa-
reils soupçons, surtout à l'égard de nombre d'ac-
teurs vivans, qui n'en ont pas été plus exempts que
les morts.

V. Définissons donc le plagiat proprement dit;
l'action de tirer d'un auteur (particulièrement moderne et national, ce qui aggrave le délit) le fonds
d'un ouvrage d'invention, le développement d'une
notion nouvelle ou encore mal connue, le tour d'une
ou de plusieurs pensées; car il y a telle pensée qui
peut gagner à un tour nouveau; telle notion établie
qu'un développement plus heureux peut éclaircir;
tel ouvrage dont le fonds peut être amélioré par la
forme; et il seroit injuste de qualifier de plagiat ce
qui ne seroit qu'une extension ou un amendement
utile. Par exemple, *l'Encyclopédie* de Chambert a
donné l'idée de celle de Diderot et de d'Alembert;
mais cette dernière n'est point un plagiat, puisqu'elle a fait sortir de ce sujet, à peine effleuré, des
développemens immenses, que l'auteur original
n'avoit pas même prévus. *L'Encyclopédie* de Panc-
koucke est encore moins exposée à ce reproche,
puisqu'elle joint au même avantage celui de chan-
ger très utilement la forme primitive, en substituant
l'ordre philosophique à l'ordre de l'alphabet. Cette
espèce de livres est cependant celle où le plagiat
s'introduit le plus facilement, puisqu'il y est ques-

2

tion d'exposer des notions déjà reçues, et aussi habilement exprimées que possible dans les auteurs de qui on les tire. Les dictionnaires sont en général des plagiats par ordre alphabétique, et où toute la partie positive, je veux dire celle des définitions, des dates et des faits, passe nécessairement du dernier venu à son successeur· et comme cette partie est la seule qui exige une industrie vraiment laborieuse, la partie hypothétique et rationelle dépendant du caprice de chaque écrivain en particulier, elle est sans doute la seule aussi qui devroit occuper le jugement du public, dans une contestation entre lexicographes; mais le public a peu d'égards au travail assidu d'un utile compilateur, et se laisse charmer par un tour élégant et nouveau, qui n'a d'autre mérite réel que d'habiller à la moderne des richesses anciennement explorées. Ce sentiment étoit si bien reçu parmi les vieux auteurs de lexiques et de biographies, que Bayle n'avoit d'abord entrepris son *Dictionnaire* que comme une critique de Moréri, tant il étoit plus honorable en ce tems, de discuter de livre à livre avec un écrivain médiocre, que de ruiner son entreprise par une spéculation mercantile. Quant à Scapula, il n'est personne qui ne sache que le mépris public accabla son nom, dès qu'on put présumer qu'il avoit profité des savantes notes d'Etienne pour composer son fameux Vocabulaire; et ce qu'il y a peut-être d'unique dans cet exemple, c'est que l'ouvrage nous est parvenu avec assez d'estime, sans réhabiliter le nom de l'auteur. Cet incomparable Dolet, dont l'immense littérature paroissoit un phénomène dans le siècle même de la science, fut condamné par l'opinion générale pour avoir étendu en deux volumes le mince in-folio de ses *Commentaires de la Langue Latine*, aux dépens de Nizolius, de Baïf et de Charles Etienne. Le livre de Dolet étoit cependant un ouvrage de la plus haute importance, et qui ne pouvoit souffrir aucune comparaison avec ceux de ses rivaux. C'étoit d'ailleurs, et bien spécialement, une de ces compilations où il est presque impossible de ne pas faire usage quelquefois des idées des autres, un de ces recueils de définitions consacrées et de critiques verbales qui appartiennent en quelque sorte à tous les écrivains du même genre, en quoi il différoit fort à son avantage des dictionnaires raisonnés (1). Au total, c'est ici une question toute particulière de savoir s'il est permis à l'éditeur d'un ouvrage quelconque de s'enrichir des travaux d'un émule, dont il détruit du même coup la propriété, fût-ce à l'avantage des sciences ; question, dis-je, qui me semble moins du ressort de la critique littéraire que de celui de la conscience morale.

. Pour en revenir au plagiat, sous son point de

___

(1) Je déclare formellement que je n'ai aucun ouvrage particulier en vue. Je suppose toujours d'ailleurs que les travaux d'une société de gens de lettres estimables, n'ont rien de commun avec les combinaisons d'un libraire. Enfin, je laisse la question à décider.

vue le plus incontestable, je n'en sais guère de plus
manifestes que ceux qu'ont subis nos excellens
auteurs du seizième siècle ; car, sans parler de
Rabelais, dont les bizarres folies ont fourni tant de
scènes piquantes à Racine et à Molière, tant de
contes ingénieux à La Fontaine et à ses imitateurs,
et finalement une contr'épreuve si foible et si peu
originale à l'auteur du *Compère Mathieu* ; sans
parler de Marot, dont le style a fondé un genre,
et qu'on n'a souvent imité passablement qu'aux
dépens de ses hémistiches, je vois un Loys Regir ;
dit le Roi, dont le singulier *Traité des Vicissitudes
des Sciences* a peut-être fourni à Bacon son beau
livre *De augmentis scientiarum* presqu'entièrement
conforme dans l'intention et dans la marche, et à
Brerewood son *Essai sur la diversité des Religions
et des Langues ;* observation que je soumets aux
curieux de la littérature intermédiaire, et qui me
paroît mériter tous leurs soins. Mais il n'est certainement pas d'écrivain à qui on ait ravi de plus
précieux lambeaux que ce même Montaigne qui
s'est du moins vêtu de ceux des autres d'une manière ostensible et publique. Charron ne fait pas
difficulté, comme on le verra dans les preuves que
je joins à ces recherches plus curieuses qu'impor-
tantes (G, de copier textuellement ses passages les
plus magnifiques, et à l'aventure ceux que Montaigne copie de Sénèque ou de tel autre, liberté
qui me semble tant soit peu hasardée dans ce sage
théologal de Bordeaux, d'ailleurs si hardiment

sincère. Lamothe-le-Vayer, La Bruyère, Saint-
Evremond, Fontenelle, Bayle et Voltaire ne sont
guère plus délicats, et aucun d'eux pourtant n'ap-
proche de Pascal dans l'audace de ce larcin. Je
n'en ai recueilli, dans les pièces vers lesquelles je ren-
voie, que sept à huit exemples, presque tous pris
d'un même chapitre (H; mais quiconque lira les
Essais et les *Pensées* avec une attention scrupuleuse, en trouvera une foule que je n'ai eu ni le
loisir, ni la faculté de rassembler. Il seroit naturel
de conjecturer d'abord, à quiconque vénère, comme
moi la réputation de Pascal, et ne peut cependant
fermer les yeux sur cette singulière quantité de
traits ingénieux, touchans ou sublimes qu'il n'a
fait qu'extraire des philosophes et des Pères de
l'Eglise, de Montaigne ou de Charron, et dont
presque tout le livre des *Pensées* se compose; il
seroit, dis-je, naturel de conjecturer que ce livre
ne fut réellement qu'un recueil de notes informes, dont les unes devoient être employées
comme autorité, et les autres subir une réfutation
complète. On y est même d'autant plus porté, au
premier aspect, que l'histoire bibliographique ne
nous donne guère ce livre pour autre chose, puisqu'elle constate qu'il fut formé de papiers rapportés,
et sans autre ordre que celui qu'il plut aux éditeurs
d'y introduire. Les raisonnemens presqu'invincibles
que Pascal y fait valoir pour l'incrédulité en seroient
un autre témoignage auquel je ne pourrois me
refuser d'accorder un plein crédit, si je ne voyois

que les premiers écrivains de la nation se sont
réunis, depuis le temps de Pascal jusqu'au nôtre,
à considérer *les Pensées* comme le principal titre
de sa gloire. En effet, si vous ôtez à Pascal les
remarques admirables et profondes dont ce livre
est formé, il lui restera encore la réputation d'un
des plus savans géomètres de son siècle ; celle du
dialecticien le plus habile, du raisonneur le plus
pressant, de l'écrivain le plus ingénieusement plai-
sant, le plus brillant et le plus pur qui eût paru en
France jusqu'à lui ; mais je chercherai inutilement
dans ce qui lui restera de son ouvrage posthume,
ce prodigieux génie qui devoit jeter tant de lumières sur la religion, que si Dieu l'a retiré du
monde, à en croire un célèbre auteur de notre
temps, c'étoit afin que tous les mystères n'en fussent pas éclaircis. Parmi les *Pensées*, il y en a bien
quelques-unes qui appartiennent en propre à Pascal,
et on les reconnoît à je ne sais quel tour d'une
mélancolie, non pas philosophique ni chrétienne,
mais superstitieuse, morose et comme illuminée,
qui trahit l'état où le plongeoit sa maladie. L'allure
de cette tristesse rêveuse et désespérée n'a rien de
bien difficile à saisir, et je lis des écrivains à la
mode qui n'y réussissent pas moins bien que Pascal ;
mais ces élans d'une âme forte, ces traits grands
et inattendus dont on a dit qu'*ils tenoient plus du
Dieu que de l'homme*, il faut convenir que c'est
Timée de Locres (I, saint Augustin, Charron, et
spécialement Montaigne qui les ont fournis. Con-

clura-t-on delà que certains enthousiastes n'ont pas
lu Montaigne, ou qu'ils se font un plaisir de sacri-
fier la gloire d'un sceptique à celle d'un janséniste?

Toutes réflexions faites, je me crois obligé de
reconnoître que le plagiat de Pascal est le plus
évident peut-être et le plus *manifestement inten-
tionnel* dont les fastes de la littérature offrent
l'exemple. D'abord c'est un livre de *Pensées* jetées
au hasard, comme le dit Pascal lui-même, et sans
aucune espèce d'ordre ; de manière que le mérite
de l'ordre et de la conception générale en étant
soustrait, on n'y peut chercher que l'essence de
chaque pensée prise en particulier, et le tour qui
la fait valoir. Chaque pensée qui se retrouve ailleurs
dans l'essence et dans le tour est donc un plagiat
très condamnable. Secondement, je le trouve
aggravé par la précaution que prend l'écrivain d'y
modifier quelque chose, soit dans l'antiquité de
l'expression, soit dans sa hardiesse, soit dans le
rapport des membres de la phrase entr'eux, un
peu moins, ce me semble, pour rendre l'idée plus
claire et plus propre à son sujet que pour l'appro-
prier à son style, et l'encadrer sans disparate dans
la contexture de ses écrits. Enfin, après avoir fait
ces observations dans le détail, ne se trouve-t-on
pas aigri du ton tranchant et superbement dédai-
gneux dont Pascal se sert à l'égard de Montaigne;
comme si, non content de s'enrichir de ses écrits,
il vouloit les perdre de considération dans l'estime
des hommes, pour hériter seul de leur gloire? Je le

répète : Pascal a plus qu'il ne faut de sa réputation littéraire pour balancer toutes les réputations anciennes et modernes; mais la raison voudroit peut-être qu'on s'en tînt là, et qu'on ne s'obstinât pas à le compter parmi les plus solides appuis de la religion et de la morale, à moins qu'on n'y comprît aussi Aphtone, Publius, Syrus, Erasme, et tel autre compilateur d'apophthegmes qui n'ont été que les Rapsodes de la philosophie et de la sagesse antiques.

Les Voyages de Cyrus, de Ramsay, sont une froide imitation de *Télémaque*, et non pas un plagiat proprement dit; mais si, dans ces *Voyages*, Ramsay copie littéralement et sans les citer, tantôt Fénélon lui-même, tantôt un vieux philosophe anglais, tantôt Bossuet, à qui il dérobe toute sa belle description d'Egypte, voilà, dit M. de Voltaire, un plagiat dans toutes les formes. On prétend que Ramsay s'en excusoit, non par la réminiscence, mais par la conformité d'idées. C'étoit une rencontre très-honorable pour Ramsay, qui n'en a pas eu souvent d'aussi heureuses.

Voltaire, dont je parlois, s'est plaint souvent des plagiaires; et l'immensité de ses ouvrages leur offroit une mine si abondante, qu'il n'est pas étonnant qu'ils y aient indiscrètement puisé. Le plus audacieux, selon lui, est un père Barre, auteur d'une *Histoire d'Allemagne*, en dix volumes, où il a inséré plus de deux cents pages de *l'Histoire de Charles XII*. Rousseau a dirigé la même accusation contre Mably, dont les ouvrages ne lui paroissent qu'une redite perpétuelle

de ses systèmes philosophiques et politiques. Il y a
certainement quelque chose de vrai dans ce reproche; mais il est évident que Mably ne s'est pas
emparé du style de Rousseau, et qu'il s'en est fait un
que personne ne lui conteste. Puisque j'en suis à ces
grandes lumières du dix-huitième siècle, ajouterai-
je que le fameux abbé Raynal n'est, suivant toute
apparence, qu'un véritable plagiaire qui s'est édifié
une réputation au prix du désintéressement de Diderot et des travaux de Pechméja? Celui-ci, livré à
la dépendance par sa misère, rédigeoit, selon quelques-uns, sous la dictée de Raynal, et selon quelques autres, sous celle de sa propre inspiration,
l'*Histoire des Etablissemens des Européens dans les
deux Indes*, où le bouillant Diderot intercaloit de
tems en tems quelques-unes de ces pages brûlantes
auxquelles il est facile de le reconnoître (1). Pechméja mourut jeune, et emporta son secret; mais
Raynal eut le malheur de vieillir, et la nullité du
reste de sa vie laissa deviner le sien.

VI. Tout condamnable qu'est déjà selon moi ce
genre de plagiat, j'en vois un pour qui le nom de
plagiat me sembleroit encore trop honorable, et
qu'on ne peut guère qualifier que de vol. Je ne
doute pas qu'il n'ait été fort commun, surtout à la
renaissance des lettres, où une foule d'écrits précieux de l'antiquité ont pu se trouver à la disposition

(1) Cette hypothèse ne s'accorde pas toutefois avec ce mot
connu d'une dame célèbre: « L'abbé Raynal sait trop ce qu'il
» écrit; quand on le questionne, il répond comme son livre. »

de quelques faux savans, aussi dénués de pudeur
que de talens propres; mais les précautions qu'on a
dû prendre pour cacher une action aussi basse nous
en ont dérobé la trace presque partout où l'on soupçonne qu'elle a été commise ; et s'il en reste par-
ci par-là quelque vestige , il faut avouer qu'ils ne
sont pas de nature à légitimer une accusation de
cette importance. Avant que l'illustre Pithou publiât
le recueil de Phèdre, et rendît à la lumière un des
plus beaux monumens de l'urbanité latine, l'opinion
commune accusoit Faerne d'avoir détruit son exemplaire de ce fabuliste, après lui avoir dérobé les
plus beaux traits de ses ouvrages. Il est cependant
évident qu'ils ne se sont rencontrés que dans le sujet
de quelques fables, et dans un petit nombre de détails; et l'on peut présumer que Faerne ne s'en seroit pas tenu là , s'il avoit été capable du larcin
do t on l'accuse. J'ai mémoire d'avoir lû dans un
commentateur de Cicéron, qui pourroit bien être
le savant Manuce, que le fameux Traité *de Gloriâ*
s'étoit retrouvé quelques années auparavant , mais
que l'homme entre les mains duquel il étoit tombé
l'avoit fait imprimer sous son nom , en changeant
seulement le titre. Le vague dans lequel je suis
obligé de laisser jusqu'au nom de cet ouvrage ; dé-
montre assez bien le peu de considération dont il
jouit dans la république des lettres , et conséquemment l'erreur dont il a été l'objet ; car il n'est pas
présumable qu'un livre de cette portée , et, suivant
toute apparence, un des chefs-d'œuvre du premier

des prosateurs anciens, fût resté totalement inconnu,
sous quelque nom qu'il eût été publié. Il est vrai qu'on
établissoit la conjecture dont je parle, sur le mérite
du style, qui paroissoit tout-à-fait *cicéronien*. Mais
ce mérite, qui consistoit à affecter certains tours
et même certains défauts particuliers à Cicéron,
comme la *laxité* un peu diffuse de sa phrase, l'emploi souvent surabondant de l'adverbe, et la recherche souvent affectée des locutions antiques,
n'avoit rien de si rare qu'on fût obligé de recourir
à l'accusation de plagiat pour l'expliquer. Manuce
même excelloit en ce genre d'imitation, et l'on a vu
dans le même tems quelques enthousiastes de l'orateur romain porter la fureur de cette docte servitude au point de ne pas souffrir dans leurs écrits,
non-seulement un mot, mais une construction dont
Cicéron n'eût donné l'exemple; on l'a dit du moins
de Bellenden et de Thomacus.

C'est une accusation bien ignominieuse que celle
du plagiat caractérisé à ce point, et dont cependant
les dames ont eu beaucoup à souffrir; car les critiques ne se piquent pas de galanterie. Il n'en est
guère qui aient écrit sans qu'on supposât qu'une
Muse amie avoit daigné seconder la leur; et il est
bien difficile de répondre à cette espèce de calom-
nie, à moins qu'on n'ait le privilége de vivre,
comme cela est arrivé à des dames auteurs du siècle,
plus long-temps que ceux à qui on voit ses ouvrages
attribués, et qu'on ne tire meilleur parti du tems
que la veuve de Colletet, pour qui *les oracles res-*

sèrent quand *Colletet fut trépassé.* Il ne s'agit que de *desserrer volume sur volume*, pour détromper l'opinion, si elle n'a pas la malice de chercher où se prendre ailleurs, et d'alléguer des enfans posthumes, comme le Crispin du *Légataire*.

Madame Deshoulières, qui a honoré son sexe plus qu'aucun autre, n'a pas été à l'abri de ce soupçon. Presque toutes ses poésies ont été attribuées à Hainaut, quoiqu'il soit bien difficile de penser que l'auteur de l'ambitieux sonnet de *l'Avorton* ait su descendre au langage de la nature; et l'on dit avoir retrouvé dans Coutel sa jolie idylle des *Moutons*, quoiqu'elle ait plusieurs pièces qui ne le cèdent pas à celle-là en agrément.

VII. Il paroît qu'il n'étoit pas plus rare chez les Romains que chez nous, de s'attribuer des vers dont on n'étoit pas l'auteur; et le célèbre *Sic vos non vobis* de Virgile en rappelle un exemple assez connu; mais il ne paroît pas que personne y ait eu l'audace de laisser courir sous son nom des poëmes entiers qui appartenoient à d'autres; car il seroit souverainement injuste de flétrir d'une accusation aussi odieuse la mémoire de Térence. Je ne suis pas aussi porté à le croire étranger à la composition de ses comédies que Montaigne, à qui on auroit *fait desplaisir de le desloger de cette créance*, quoique je comprenne bien toutefois qu'un personnage, qui est obligé de conserver la gravité nécessaire aux premières fonctions de l'Etat, cherche à déguiser les sacrifices qu'il

fait en secret à la plus badine des Muses, puisque
les convenances ordinaires de la société peuvent
exiger cette retenue, comme on le voit par l'exemple
de madame de la Fayette, qui crut devoir cacher,
sous le nom de Segrais, ses charmantes compositions.
Mais dans le cas même où Scipion et Lelius seroient
les véritables auteurs des pièces de Térence, on ne
sauroit reprocher à celui-ci qu'une complaisance extrême, et qui n'auroit pas été, peut-être, entièrement
exempte de vanité. Au reste, je conçois difficilement
qu'on se dépouille de gaîté de cœur d'une réputation
flatteuse pour en laisser l'avantage à un homme in-
différent ; et si je consens à croire ce que disent
quelques historiens, que Lelius ait rapporté tous les
avantages de sa fortune à l'accroissement de la
gloire de Scipion, je n'admettrai pas si aisément que
l'un et l'autre se soient volontairement démis des
avantages de leur esprit, pour la gloire de Térence.
J'ai même quelque peine à penser qu'un sacrifice de
cette force n'outre-passe pas un peu celle de l'amitié.
C'est une affection vraiment paternelle que celle
qu'un auteur porte à ses écrits, et il lui est bien difficile de s'en départir, à quelque prix qu'on en
mette l'abnégation. On sait qu'elle coûta l'évêché à
Héliodore ; et si le vœu du conclave eût couronné
Piccolomini dans un âge plus tendre, je doute s'il
ne l'eût pas mise à plus haut prix que la papauté.
Colletet céda en effet le foible succès de quelques-
uns de ses vers, mais c'étoit à sa maîtresse, et cette
passion est plus libérale que nos autres sentimens,

Aussi ne soupçonnai-je point Mairet d'avoir profité de la générosité de Théophile, pour s'élever au rang de poëte tragique, et encore moins d'avoir abusé de sa confiance et usurpé son héritage, comme on l'a légèrement avancé. C'étoit le goût des lettres qui avoit commencé leur amitié; et, sans avoir fait de nombreuses preuves à cette époque, Mairet s'étoit déjà montré capable du peu de scènes tolérables qui ont conservé quelque réputation à 'sa *Sophonisbe*. Il ne faut d'ailleurs qu'une foible habitude de distinguer le style des différens auteurs par ses qualités essentielles, pour discerner celui de Théophile de celui de Mairet; également vicieux dans l'abus des figures outrées et des *concetti* ridicules du tems, ils s'éloignent par deux caractères infiniment saillans, et qui ne peuvent jamais se confondre. Théophile, audacieux, tendu, boursoufflé, atteint quelquefois par hasard à une véritable chaleur; mais il manque du jugement qui règle les plans, qui ordonne les scènes, et qui met les caractères dans leur véritable jour. Cette dernière partie est la seule qu'on puisse reconnoître dans Mairet, dont la verve lâche et sans nerf n'a pas produit sur vingt-quatre mille vers une tirade vigoureuse.

Je souhaite que les partisans de Crébillon trouvent d'aussi bonnes raisons pour le justifier du reproche de n'avoir été que le secrétaire d'un chartreux. Sa dernière tragédie est en effet si inférieure aux au-

tres (1), qu'elle semble déceler la mort du génie
protecteur qui les avoit inspirées; mais puisqu'il
seroit injuste de tirer contre Pierre Corneille la
même conséquence du même argument, on n'est
guère autorisé à le faire valoir contre un de ses
héritiers. Quant à Dancourt, peintre cynique, mais
fidèle, des plus vifs déréglemens où une nation ait
jamais croupi, c'est sans fondement suffisant qu'on
lui a imputé de dérober tout ce qu'il produisoit,
aux jeunes auteurs qui venoient lui recommander
leurs ouvrages, à moins qu'on ne suppose en même
tems que toutes les Muses contemporaines avoient
adopté le même genre de composition. Il n'y a pas
une seule de ses comédies qui n'offre les mêmes défectuosités et les mêmes agrémens. Absence totale de
plan, mauvais choix de mœurs, effronterie de pensées et d'expressions d'une part; et de l'autre, viva-
cité de dialogue, vérité de caractères, vigueur de
peintures, sel âcre plutôt qu'attique, et plus convenable aux emportemens effrénés de la satire qu'à
la censure décente et sensée qui devroit caractériser Thalie. Il est impossible qu'une foule d'écrivains se soient rencontrés, comme on le suppose,
dans cette forme particulière de comédie; et comme
la comédie de Dancourt est presque toute entière

___

(1) C'est *Catilina* dont on a retenu ces trois singuliers vers :

Il est vrai qu'autrefois plus jeune, plus sensible,
Je dois vous l'avouer, je formai le dessein
De vous plonger à tous un poignard dans le sein.

dans la forme, puisque le fond y manque presque partout, je le crois bien lavé de cette méchante accusation. Au reste, l'effet qui en résulteroit ne pourroit jamais nuire à sa réputation dans le vrai sens de ce mot; car la réputation réside dans l'opinion du public pris généralement, et non dans la conscience intime de quelques hommes qui s'occupent des plus minces détails de l'histoire littéraire; le plagiat le mieux démontré ne détruiroit point l'idée générale que l'habitude et le tems ont consacrée. La foule va applaudir tous les jours aux traits de parfait comique de *l'Avocat Patelin*, dont tout le succès retombe sur Brueys, qui n'a fait cependant que copier assez fidèlement une farce très ancienne; et pour prendre mes exemples dans un ordre de littérature très relevé, ne voit-on pas que la franchise loyale avec laquelle M. de Buffon a reconnu que M. Gueneau de Mont-Beillart avoit puissamment contribué à son *Histoire Naturelle*, n'a rien changé à la routine d'admiration de ses lecteurs? — L'*Histoire des Oiseaux* qui est presque toute de la main de M. Gueneau, et qui est une des meilleures parties de l'ouvrage, n'a pû faire tomber sur son nom le moindre des rayons dont celui de M. de Buffon brillera jusqu'à la dernière postérité. Les auteurs ont leurs destinées comme les livres.

VIII. Il y a loin en apparence du crime de plagiat à celui de supposition d'auteurs ou d'ouvrages,
qui n'est pas beaucoup moins commun. On les croi-
roit même totalement opposés si l'esprit n'y recon-
noissoit ce rapport tiré de l'amour propre de l'homme
qui, à défaut de jouir sous son nom de la réputation
d'un autre, aime à jouir sous le nom d'un autre du
succès de son propre talent. Ce dernier genre de
supercherie a bien aussi son mauvais côté ; mais on
ne peut se dispenser de convenir qu'il est plus généreux que l'autre, et qu'il montre plus d'élévation d'esprit. Les plus grands génies n'ont pas fait
difficulté d'en user ; témoin ce trait de Michel Ange
qui feignit d'avoir tiré des fouilles de Rome un
torse dont il avoit conservé les extrémités, et qui
attendit que l'admiration publique eût assigné son
ouvrage aux plus grands artistes des tems anciens
pour en réclamer l'honneur. C'est même assez souvent un moyen sûr de désarmer les injustes pré-
ventions et de ramener à la vérité les jugemens du
public, ou du moins d'en obtenir des opinions plus
douces. Voltaire raconte qu'un jour, dans un cercle
où l'on se réunissoit à dépriser le mérite de La Motte,
et à lui opposer celui de La Fontaine avec un
avantage réellement incontestable, il s'avisa de
proposer une fable de La Fontaine pour preuve
du sentiment général, et cita de mémoire une fable
de La Motte. L'approbation fut unanime à la première lecture, et se démentit à la seconde. La Motte
avoit été nommé.

Je n'ai pas caché que je pensois qu'un assez grand nombre d'écrits anciens avoient été publiés sous des noms modernes à la renaissance des lettres, et je suis aussi disposé à croire que beaucoup d'auteurs modernes ont mis, vers le même tems, leurs productions sous des noms anciens et célèbres. Il seroit ridicule sans doute de porter le scepticisme en ce genre au même point que le père Hardouin qui avança que tous les anciens livres, tant grecs que latins, avoient été supposés dans le treizième siècle par une société de savans, sous la direction d'un certain Severus Archontius, et qui n'en exceptoit que Cicéron, Pline, les *Géorgiques* de Virgile, les *Satires* et les *Epîtres* d'Horace, Hérodote et Homère (1). Mais si mon hypothèse ne peut se démontrer pour aucun ouvrage de l'antiquité en particulier, je ne l'en crois pas moins fondée en probabilité.

La supposition d'auteur étoit une idée qui se présentoit naturellement à tous les écrivains, et qui leur assuroit pour leurs ouvrages une chance de crédit qu'ils n'auroient pas trouvée en eux-mêmes. Aussi toutes les littératures en présentent à l'envi des exemples, depuis les livres de Seth et d'Enoch, jusqu'aux œuvres posthumes du plus obscur de nos contemporains. Je ne répondrois pas qu'Adam n'eût eu son livre, car il me semble que le *Jezirah* lui est

---

(1) *Harduinus de Numm. Herodiad. in prob. act. cradit. Lips. ann.* 1710, *p.* 170.

attribué par les Rabins. Il en a été de même dans toutes les religions où les fondateurs du culte n'ont jamais manqué d'interprètes et de contrefacteurs intéressés. Les tems mythologiques et héroïques qui paroissent un peu plus riches de science et de raison que notre barbarie septentrionale, sont pleins de la renommée et des écrits d'Hennés, d'Horus, d'Orphée, de Daphné, de Linus, de Palemède, de Zoroastre, de Numa. On sait que celui-ci avoit expressément recommandé ses livres à la garde du collége des prêtres, et que le sénat de la république, après en avoir pris lecture, plusieurs siècles après, ordonna qu'ils fussent livrés aux flammes, comme contenant des idées qui pouvoient être funestes aux hommes. Ce sujet ouvroit, suivant moi, une si belle carrière à l'imagination d'un auteur hardi, que je regrette qu'aucun écrivain moderne ne s'en soit emparé, car je n'oserois pas répondre qu'on n'en ait hasardé quelques contrefaçons chez les Romains comme des livres des Sybilles, sujet facile et inépuisable, dont les premiers chrétiens ont peut-être fait quelqu'abus. Je ne dissimule même point que je garde quelque rancune au sénat, de l'éxécution indiscrète à laquelle il livra les plus précieux vestiges de la civilisation et des lois romaines. Ce seroit une lecture très curieuse que celle du testament d'un roi dévot, qui a étayé sa législation du conseil et de l'appui d'une déesse, et qui lègue aux prêtres, en mourant, les derniers secrets de sa politique.

Je ne puis assurer, je le répète, qu'une contrefaçon si commode, et dont l'effet pouvoit être si brillant, n'ait pas tenté quelques uns des sophistes auxquels a long-tems appartenu l'héritage de la littérature ; mais cet ouvrage ne seroit point parvenu jusqu'à nous, et auroit subi en cela le sort de tant de choses admirables que l'antiquité nous laisse à regretter. En effet, nous avons perdu la meilleure partie des poëtes dramatiques, lyriques et bucoliques grecs ; beaucoup de critiques d'historiens, de savans, et la bibliothèque immense qui se composeroit des innombrables ouvrages de ces verbeux philosophes dont Diogène Laërce nous conserve à peine quelques apophtègmes incertains. Outre ces excellens poëtes que les éloges de leurs émules eux-mêmes recommandent si bien à la vénération de la postérité, Varius, Accius et Pacuve, et particulièrement de ces comiques après lesquels Térence n'occupoit que le sixième rang, s'il faut s'en rapporter à l'assertion hasardée de certains philologues (étonnante imagination que celle qui concevroit la possibilité de remplir ces places!) Ne sommes-nous pas privés de cette irréparable collection des écrits de Varron, qui ne laisseroit peut-être point de voile sur tous les mystères de la philosophie, de la littérature et de la grammaire latine ? Nous reste-t-il de Tite-Live et de Tacite lui-même, malgré les précautions d'un empereur de son nom, autre chose que de riches fragmens ? Quel intérêt n'auroit pas pour nous cette histoire écrite par Caton le censeur, et dont il est parlé dans Plutarque, véritable et peut-être unique monument de l'antique vertu romaine, où l'on ne remarquoit aucun nom propre, mais seulement *le consul*, *les sénateurs*, *l'armée*, tant les gloires personnelles et les intérêts particuliers de ce temps-là étoient subordonnés à la gloire et à l'intérêt public? Le Traité *de la Gloire*, dont je parlois tout à l'heure, nous est-il parvenu dans la collection des écrits de Cicéron, multipliés avec tant de soin par l'heureuse vanité de leur auteur, et dont ce fameux discours feroit un des plus beaux ornemens? sujet de déplaisir bien vif pour les amateurs des bonnes lettres, quoique moins sensible à mon avis que celui qui doit leur être donné par la perte du Traité *de Virtute*, de Brutus, production d'une toute autre valeur en matière, et peut-être même en exécution, si j'ose dire ce que j'en pense, à défaut de pouvoir dire ce que le goût public en décideroit.

Cette circonstance me ramène aux ouvrages faussement attribués à d'illustres anciens, puisque des érudits de la plus haute distinction, et entr'autres M. Tunstall, ont compté dans ce nombre l'admirable correspondance de Cicéron et de Brutus. Ce paradoxe a été suffisamment combattu par le judicieux M. Middleton, et d'une manière qui ne laisse rien à désirer, quoique je trouve qu'une démonstration plus évidente encore est celle qui sort de l'ouvrage lui-même. Il faudroit convenir du moins que le faussaire qui se seroit élevé ainsi au plus beau style de l'antiquité ne présenteroit pas un phénomène moins étonnant que ses modèles dans le monde littéraire. Je doute que l'éloquence romaine soit jamais parvenue au degré de sublimité où elle se voit dans la lettre de Brutus et Cassius à Marc Antoine, et dans celle que Brutus écrivit à Cicéron, pour lui reprocher de l'avoir recommandé à l'indulgence du jeune Octave. Il y a loin de là aux lettres de Thémistocle, de Phalaris, d'Apollonius de Thyane, et autres écrits supposés de ce genre.

Une des suppositions les plus célèbres est celle des *Fables* d'Esope, par le moine Planudes. Cette question a été décidée si vivement par le savant Bantley, et dans le curieux livre *De ludicrâ dictione*, de Vavasseur, qu'on ose à peine y opposer quelque doute. Un singulier anachronisme qui se trouve dans la fable *du Singe et du Dauphin*, est cependant la meilleure autorité dont ces critiques aient appuyé leur plaidoyer contre Planudes, et je la crois de peu de valeur. Il est vrai que le port du Pirée, dont il est question dans cette fable, ne fut construit que par les ordres de Thémistocle, c'est-à-dire cent ans après l'époque où florissoient Solon, Cyrus, Crésus et autres personnages célèbres dont on fait Esope contemporain; mais nous ne le plaçons dans ce siècle que sur la foi des auteurs qui ont dirigé Planudes dans la vie mensongère qu'il en a faite, et nous savons, à n'en pas douter, que ce point de chronologie littéraire étoit si incertain chez les anciens qu'il y en a quelques uns qui ont compté plusieurs Esopes. Le nom d'Esope étoit d'ailleurs

devenu dans la Grèce une espèce de sceau banal (1)
qu'on attachoit à tous les apologues utiles et ingénieux, comme ceux de Pilpay, de Lockman, de
Salomon dans l'Orient; d'où l'on a conclu un peu
hasardeusement aussi que presque tous ces noms se
rapportoient au même homme. Je pense, au contraire, que le nombre des fabulistes anciens a été
beaucoup plus grand qu'on ne l'imagine, et que si
l'on n'en cite guères que trois ou quatre, c'est que
ceux-là ont précédé les autres, et absorbé dans leur
renommée toutes les renommées de leurs successeurs.
La tradition pouvoit donc, long-tems avant Planudes, avoir mêlé dans ses recueils des apologues
étrangers à Esope, et entr'autres celui qui sert de
texte à l'accusation dont je parle. Il est probable
que ces fables n'avoient long-tems été conservées
que par la mémoire qui les transmettoit de génération en génération, et que c'est ce qui a rendu si
rares les manuscrits d'Esope (2) ; mais leur style a

---

(1) C'est le propre de l'érudition populaire de rattacher
toutes ses connoissances à quelque nom vulgaire. Il y a peu de
grandes actions de mer qu'on n'attribue à Jean Bart, peu
d'espiégleries grivoises qu'on ne mette sur le compte de Roque-
laure. Il en est de même pour le peuple, des auteurs à la portée
desquels son intelligence peut s'élever. Il y a cent cinquante
ans qu'un bon mot ne pouvoit éclore que sous le nom de Brus-
cambille ou de Tabarin. Les Grecs, nation spirituelle et polie,
mais qui ressembloit d'ailleurs par la masse à toutes les nations
du monde, ont dû en faire autant pour l'apologue.

(2) Il est de l'essence de la fable antique de se graver facilement dans la mémoire, parce qu'elle est ordinairement contenue

un caractère de simplicité primitive auquel auroit difficilement atteint le bavardage de Planudes, car il n'y a aucune comparaison à faire entre le style de ce moine et celui de son auteur, quoi qu'en disent les critiques.

On ne parviendroit pas, à moins d'y consacrer un volume tout entier, à donner une idée de la multitude d'ouvrages que des faussaires français ont mis sous des noms connus. Ce seroit le sujet d'une bibliographie spéciale, assez curieuse et assez étendue, à laquelle un Gatien de Courtilz fourniroit seul plusieurs pages. Un demi-siècle s'est passé en France, où chaque mois voyoit paroître les mémoires d'un capitaine, le testament d'un ministre ou les lettres d'une favorite. Quoiqu'il soit du ressort de la critique bibliologique d'indiquer les circons-

en peu de mots; en quoi elle diffère de la fable moderne inventée par La Fontaine, dont les développemens augmentent le charme. C'est une espèce de poésie gnomique moralisée. Il n'est donc pas étonnant qu'il se soit introduit des altérations remarquables dans les ouvrages de ce genre. Les philologues anciens nous ont conservé un passage de Pythagore, où il est question de Junius Brutus; et comme Pythagore ne se flattoit pas d'avoir le sentiment de l'avenir aussi bien que celui du passé, on peut douter qu'il ait parlé d'un homme qui étoit à peine né, lors du voyage de ce philosophe en Italie, et qui ne se fit de réputation que dans sa vieillesse. On n'a pas remarqué que les fragmens de Pythagore furent recueillis au hasard, sur des traditions assez vagues, de sorte que si l'on séparoit le vrai du faux, par des procédés sûrs, on seroit obligé d'en laisser plus de la moitié à ses élèves, et spécialement à Lysias.

tances auxquelles on peut distinguer ceux de ces ouvrages qui ont un caractère réel d'authenticité de ceux qui sont évidemment contrefaits, et que cette espèce de renseignemens soit presque indispensable pour la direction des lectures des gens du monde, je me soustrais aussi vite que je le puis à la discussion fastidieuse qui en résulteroit pour continuer un examen plus agréable et plus varié.

Rien ne favorise davantage la supercherie dont je parle que l'habitude où sont les amateurs des lettres de rechercher à la mort des écrivains distingués, les plus frivoles de leurs *posthumes*, habitude qui va quelquefois jusqu'à la manie, au point qu'un gentilhomme anglais s'étoit obligé, il y a quelques années, à couvrir d'une forte somme chaque ligne de Sterne qui lui seroit représentée. Outre que cet usage ne produit presque jamais rien d'honorable pour la mémoire des auteurs, dont il exhume, au contraire, le plus souvent, des pièces très indignes du jour, il prête infiniment, comme je l'ai dit, aux manœuvres des faussaires, qui profitent de l'engouement et de la crédulité du public pour lui vendre à haut prix leurs chétives productions. C'est bien pis encore quand ces *posthumes* supposées ont un caractère propre à flétrir la mémoire d'un homme de lettres, et à faire peser sur sa cendre la haine ou le mépris du lecteur. Ainsi, des copistes effrontés n'ont pas craint de souiller les chastes manuscrits de Virgile de leurs infâmes *priapées* : le nom sans reproche du modeste et obscur

Mirabaud, s'est vu attacher à un livre qui sappoit tous les fondemens de l'état social; et on sait, à n'en pas douter maintenant, que la plupart des vigoureux pamphlets qui rendent Boulanger odieux aux catholiques, étoient sortis de la main de Damilaville.

Autant cette supposition est odieuse et faite pour provoquer les modes de répression les plus graves, autant est plaisante et digne de pitié celle qui offre un grand écrivain contrefait par la médiocrité ou par l'ignorance. L'Angleterre a reçu, d'un de ses plus méchans rimeurs, quelques tragédies posthumes de Shakespeare, qui n'ont pas eu le crédit de tromper personne; et je ne sache pas que les deux fables de La Fontaine, découvertes par M. Daquin de Chateaulyon, aient été plus heureuses, quoique Barbou le ait admises dans son édition, et se soit ainsi rendu complice d'une ruse dont elle portera le témoignage à la postérité. Quant à celles qui ont été publiées par M. Simien Despréaux, elles n'ont de remarquable, après leur extrême foiblesse, que la naïve bonhomie avec laquelle l'auteur les admire, et donne carrière à son amour propre, à la faveur de l'heureuse pseudonymie qui met sa modestie à l'abri.

On ne sauroit nier que la supposition d'ouvrage, sous le nom d'un auteur fameux, n'ait au moins le mérite de la difficulté bravée, les objets de comparaison qui peuvent éclairer le lecteur étant à la portée de tout le monde. Il n'est pas même besoin d'une grande finesse de goût pour bien discerner l'original de la copie la plus parfaite, et un écrivain distingué a toujours dans son style quelques secrets que les imitateurs ne trouvent pas. Par exemple, il n'y a point d'école qui ait fait plus de progrès que celle de Gresset, et point de versifica-teur dont on ait saisi plus facilement la manière ou le ton général. Les recueils littéraires fourmillent de petites épîtres en vers de huit syllabes à rimes riches et redoublées, dont chaque période s'allonge en détails souvent redondans, mais étincelans de con-trastes et d'antithèses. Jusques-là peut s'étendre la portée de l'imitation; mais pour qu'elle parvînt à ce je ne sais quoi qui fait le véritable charme de l'auteur, à cette facilité abondante qui prodigue les figures sans en laisser voir la recherche, à cet heu-reux choix de traits où l'enchaînement des obser-vations n'est jamais sacrifié à la nécessité des effets; pour réunir enfin la sagesse sans morgue, la gaîté sans bouffonnerie, la satire sans causticité, et la parure sans prétention, il faudroit avoir avec Gresset une de ces conformités entières et universelles, dont l'ordre intellectuel et moral n'a pas plus d'exemples que la nature. Aussi je me crois bien convaincu qu'à défaut même de preuves qui me rendent incon-testable l'authenticité du *Parrain magnifique*, je n'aurois jamais été tenté de l'attribuer à un autre.

L'inconvénient dont je viens de parler, je veux dire cette faculté qu'a le lecteur d'opposer l'ori-ginal à la copie, déconcerte si souvent la fable la mieux arrangée d'ailleurs, qu'il ne faut pas s'étonner que les faussaires aient essayé d'y pourvoir. C'est

le motif qui les a déterminés à chercher dans les
tems anciens des noms infiniment peu connus, ou
même à en inventer, pour étayer leurs conceptions
de la recommandation d'une antiquité imposante.
Il est de toute évidence que cette dernière espèce
de supposition est la plus innocente qui se puisse
faire, et que la légère atteinte qu'elle porte à la
vérité est à peine de nature à mériter le reproche
de la probité scrupuleuse; le public la pardonne
cependant rarement, parce qu'il ne veut point qu'on
se serve de sa crédulité, même pour lui procurer
des plaisirs, et que rien ne compense l'outrage fait
à sa vanité.

C'est donc par un effet de la passion la plus exci-
table du cœur humain que Chatterton ne jouit pas
en Angleterre de toute la réputation que devoient
lui obtenir ses *Poésies* de Rowley, qui auroient fait
plus certainement sa gloire s'il les eût publiées sans
supercherie : génie étonnant et déplorable qui anti-
cipa toute sa destinée d'une manière si rapide, qu'il
avoit atteint à dix-huit ans la vieillesse du malheur,
et qu'à peine sorti du nombre des enfans célèbres, il
augmenta de son nom la liste des suicides (1)! On
ne sera pas surpris après cela que cette lumière pré-
coce se soit éteinte sous le boisseau, et sans avoir
frappé les regards du monde. Il étoit mort, cet

(1) Il y fut peut-être déterminé par les mêmes motifs que
ce Terenzio, connu dans les annales des arts par la supériorité
avec laquelle il contrefaisoit les peintures anciennes, et qui ne
put survivre au chagrin d'avoir été découvert.

infortuné Chatterton, quand la voix toujours géné-
reuse du chevalier Croft (1) réclama quelque estime
pour sa mémoire, comme elle l'a fait depuis en
France pour ce Grainville (2), non moins recom-
mandable et non moins malheureux, à qui il n'a
manqué pour s'assurer une célébrité solide, que la
vogue capricieuse qui la donne, ou la fortune qui
l'achète.

Les malheurs de Chatterton n'étoient pas si propres
à décourager les faussaires que le succès de Macpherson à les aguerrir; car il faut consentir, sur tant
de preuves incontestables que cette discussion a fait
éclore, à lui restituer le principal mérite des poésies
d'Ossian. Ce qu'on a retrouvé des chants de la muse
calédonienne se réduit certainement à quelques
lambeaux informes et décousus, qui n'ont pu donner
à l'ingénieux Ecossais qu'une idée vague de ses
plans et un sentiment général du style propre. On
alléguera inutilement que les poëmes d'Homère ne
furent peut-être pas autre chose dans leur origine,
et que sans le soin de Pisistrate, qui les fit scrupuleusement rassembler, ils n'eussent bientôt offert que
des rapsodies imparfaites et sans ordre. Le nom d'Homère, qui n'est pas mieux garanti que celui d'Ossian, a traversé fièrement les siècles, sans qu'on

(1) Savant Anglais, collaborateur de Johnson et commentateur d'Horace.

(2) Auteur d'une espèce d'épopée en prose intitulée : *Le
Dernier Homme*, qui présente de grandes beautés.

s'avisât de régler l'admiration que ses ouvrages inspiroient sur l'authenticité de leur auteur, et qu'on soupçonnât, au moins d'une manière dangereuse pour sa renommée, que cette singulière agrégation de fragmens en différens dialectes, pouvoit bien être le résultat d'un travail complexe, où nous admirerions plusieurs poëtes sous un nom commun. Horace s'indigne quand Homère dort! Eh qui sait, quand Homère dort, si ce n'est pas seulement Homère qui cesse de parler? On a peu considéré jusqu'ici deux des livres de Tibulle, sans que la mémoire de Tibulle ait à s'en offenser, si l'on prouve, comme on l'a promis, que cette partie de son recueil est d'un certain Lydamus. Quoi qu'il en soit, Ossian a eu le bonheur de faire des enthousiastes aussi chauds que ceux d'Homère, et je crois même davantage; car il est, je ne sais pourquoi, du destin des opinions hasardées d'être embrassées plus chaudement que les autres; mais son triomphe a été de bien plus courte durée, parce qu'on a reconnu Macpherson sous son déguisement sauvage, et qu'il est trop dur d'accorder à un bourgeois écossois, qui a d'ailleurs le tort de vivre, l'admiration exaltée qu'on croyoit pouvoir porter à un Barde du troisième siècle. Les *Poésies* d'Ossian n'en sont pas moins un ouvrage d'une originalité fort remarquable, et qui assigne à Macpherson un rang éminent parmi les littérateurs de son tems.

Il y a quelques années qu'un homme plein de goût et de connoissances, publia, sous le nom de

Clotilde de Surville, des poésies dont il plaçoit la composition au commencement du XVᵉ siècle. Cet ouvrage était, dit-on, un héritage de famille, dont le dernier propriétaire fut un M. de Surville, malheureusement fusillé à La Flèche, sous le règne du directoire. Déjà il avoit été dans les mains d'une personne digne de l'apprécier, et madame de Vallon en préparoit une édition dans l'avant-dernier siècle, quand elle fut surprise par la mort. Il ne restoit de cette édition ébauchée, que des *Préliminaires*, qui ont été en partie conservés dans celle-ci ; et leur invention étoit un effort d'esprit de plus pour le falsificateur, car la préface de madame de Vallon est du nombre des pastiches les plus remarquables par leur vérité. L'introduction de ce personnage étoit aussi d'une conception très ingénieuse ; car dans le cas même où les *poésies* de Clotilde offriroient quelque anachronisme inévitable, le nom de madame de Vallon étoit une excuse toute prête. On pouvoit croire facilement que cette dame, possédée de l'amour des lettres, n'avoit pas résisté au désir d'introduire quelques unes de ses productions parmi celles de son aïeule, qu'on lui faisoit même modifier jusqu'à un certain point ; et au pis-aller le soupçon de supposition, déconcerté par l'intervalle d'un siècle, et n'ayant plus que madame de Vallon à qui se prendre, ne faisoit pas redouter les mêmes inconvéniens que s'il devoit s'exercer sur un contemporain. Toutes ces adroites précautions, auxquelles l'éditeur ne paroît pas avoir concouru, ne mirent cependant pas les *poésies* de Clotilde à l'abri d'un examen sérieux; et soit que M. de Surville, interrompu par la mort dans son dessein, n'ait pas eu le tems de le porter à sa perfection, soit qu'il lui ait été réellement impossible de feindre assez heureusement pour tromper la fine perspicacité de nos critiques, il ne reste guère de doute sur la fausseté de sa Clotilde. Indépendamment de la pureté du langage, du choix varié des mesures, du scrupule des élisions, de l'atténuation des genres de rimes, règle aujourd'hui consacrée, mais inconnue au tems de Clotilde (1), de la perfection, enfin de tous les vers, le véritable auteur a laissé échapper des indices de supposition auxquels il est impossible de se méprendre.

On se laisseroit persuader à toute force qu'une dame inconnue a pu écrire, au tems d'Alain Chartier, des vers qui ne diffèrent des meilleurs de notre temps que par une ortographe ancienne, souvent recherchée jusqu'à l'affectation; on s'efforceroit de croire qu'elle a pu se rencontrer avec Voltaire, dans la disposition d'un conte auquel on ne connoît point de source commune, et avec Berquin, dans le sentiment d'une romance charmante; enfin, l'es-

(1) C'est l'usage qui a établi cette règle comme toutes les autres, avant que les compilateurs de poétiques l'eussent reconnue. Tabourot est le premier, je crois, qui en ait traité fort au long, dans son livre des *Bigarrures*, où ces détails se trouvent noyés avec beaucoup de choses curieuses dans une foule d'inepties.

prit ne verroit peut-être dans l'allusion manifeste
aux événemens des dernières années de notre siècle,
qu'offre l'*Héroïde à Bérenger*, qu'un tableau de
ceux qui troubloient le siècle même du poëte.
Mais comment expliquer dans ce poëme *de la
Nature et de l'Univers*, que Clotilde avoit, dit-on,
commencé à dix-sept ans, la citation de Lucrèce,
dont les œuvres n'étoient pas encore découvertes
par le Pogge, et ne pénétrèrent probablement en
France qu'après être sorties, vers 1473, des presses
de Thomas Ferrand de Bresse? Comment comprendre qu'elle ait pu parler, à cette époque, des
sept satellites de Saturne, dont le premier fut ob-
servé, pour la première fois, par Huygens, en
1635, et le dernier, par Herschell, en 1789?

Ces puissantes raisons sont peut-être inutiles pour
quiconque a une certaine habitude de notre ancienne poésie. Celui-là ne pourra voir dans les vers
de Clotilde qu'une production très-moderne, ha-
billée de lambeaux antiques, assez souvent équi-
voques eux-mêmes; car le besoin de vieux termes
a fait tomber quelquefois le contrefacteur dans l'a-
bus du néologisme. Il a employé une foule de mots
créés, et particulièrement de latinismes, simple-
ment assujétis à une terminaison française, qui
n'ont jamais été reçus dans la langue. Il est vrai
qu'au temps de Clotilde, où s'accumuloient très-
lentement les richesses du langage, on avoit quelque latitude pour ces emprunts de mots, poussés à
un excès si prodigieux par Ronsard, par Duartas,

et surtout par le malheureux Edouard du Monin ;
qui eut l'art d'être ridicule en quatre ou cinq langues ; mais leur exemple montre ce que Clotilde
auroit pu faire avant eux. Il y a tels obstacles
que le génie le plus heureux tenteroit inutilement
de franchir. Ronsard même, tout gothique qu'il est
à présent, ne manquoit pas de génie, et cependant
il fut bien loin d'inventer la langue de Malherbe.
Les langues se forment successivement : elles ne
se devinent pas ; et cette petite difficulté, qui ne
frappe presque pas les lecteurs communs, est la
plus fondée en force aux yeux des vrais critiques,
de toutes celles qu'on peut opposer à l'authenticité
des vers de Clotilde.

L'opinion est maintenant fixée sur le véritable
auteur de ces intéressans ouvrages. Je ne crois pas
qu'on puisse douter que ce ne soit M. de Surville
lui-même ; et il avoit certainement tout le talent
qu'il faut pour justifier cet honorable soupçon. J'ai
eu l'honneur de me rencontrer avec lui dans deux
seules occasions. A la veille du sort funeste qui
l'enleva aux lettres, et au milieu des agitations
d'une entreprise hasardeuse, la poésie l'occupoit
encore ; et quoiqu'il ne dissimulât pas sa propre
passion pour les vers, ceux de Clotilde lui inspiroient une prédilection qui l'a occupé jusqu'au
dernier moment. Ceux qui connoissent les poëtes
ne se tromperont pas à cette circonstance : il seroit
inouï qu'un homme de cet art eût oublié l'intérêt
de sa gloire pour celui d'une aïeule ignorée, si ces

deux intérêts ne s'étoient pas confondus en un seul. On a dit que les ouvrages de M. de Surville n'avoient aucun rapport avec ceux de Clotilde; on prétend que sa muse péchoit par une exaltation extrême, bien éloignée de la simplicité naïve et noble de madame de Surville; on n'a pas ajouté, comme on auroit dû le faire, que ces ouvrages incorrects étincèlent pourtant de beautés très remarquables; que l'auteur étoit très jeune encore quand ils sont sortis de sa plume, et qu'il pouvoit avoir fait depuis des progrès qui ne sont pas inexplicables avant trente ans, soit par la seule force de son talent, soit en rencontrant heureusement un genre qui lui convenoit mieux. J'ai entendu, pour ma part, des vers de M. de Surville, auxquels il ne manquoit qu'un tour antique pour figurer très honorablement parmi ceux de Clotilde; et, en résultat, la naïveté de Clotilde n'est assez souvent que dans le choix de ces expressions qui vieillissent la pensée. L'ancien langage a cette propriété de convenir si merveilleusement aux sentimens simples et aux idées touchantes, qu'on ne l'entend point sans une espèce d'émotion, parce qu'il transporte l'esprit à des jours reculés, que nous nous représentons toujours comme ceux de l'innocence et du bonheur. Voilà pourquoi nous trouvons que rien ne le remplace dans les douces peintures du temps passé, tandis que nous ne le tolérons plus dans les chants de l'épopée et de la poésie lyrique. En y regardant bien, on verra que ceux de cette espèce qui se trouvent parmi les œuvres de Clotilde, ne sont pas trop dépourvus de cette exaltation qu'on reproche à M. de Surville, et qu'à la livrée de l'âge d'or près, ils ne sont pas loin du style de notre école. Quoi qu'il en soit, ces poésies ont un mérite qui les fera vivre; et le public doit désirer que M. de Roujoux mette au jour le reste des poésies inédites de Clotilde, qui est tombé entre ses mains, et dont il fait mention à la page 90 de son intéressant *Essai sur les Révolutions des Sciences et des Arts.* Ce nouveau recueil, qui sort, à n'en pas douter, des mains de M. de Surville, et qui a été quelques momens dans les miennes, ne me paroît pas moins digne d'attention que celui qui l'a précédé; et s'il ne présente plus, selon moi, la même question à débattre, il réunit assez de beautés pour soutenir le goût des lecteurs, sans qu'il soit besoin de l'exciter désormais par une supercherie d'ailleurs extrêmement innocente.

———

IX. Parmi les écrits des anciens qui nous sont parvenus, il y en avoit grand nombre de mutilés par la main du temps, ou par la fureur des barbares, ou par l'intolérance et l'esprit de parti. Ces monumens du passé portoient en eux, si l'on peut s'exprimer ainsi, toutes les pièces des innombrables procès qui alloient s'élever entre les sectes naissantes et celles qui tendoient à leur fin; et l'on ne peut pas douter que la coupable adresse des falsificateurs ne se soit employée plus d'une fois à les

modifier. Les uns ont retranché hardiment des passages entiers, les autres en ont intercalé de nouveaux ; mais comme la mauvaise foi se décèle toujours par quelque point, surtout quand elle se trouve
jointe à la grossière ignorance, les premiers n'ont
pas remarqué que les lignes qu'ils supprimoient
étoient citées par d'autres écrivains, qui les con-
servoient malgré eux à la postérité, et qu'elles
laissoient d'ailleurs, entre les idées dont elles faisoient
la liaison, un vide facile à reconnoître ; les autres se
sont trahis par des maladresses plus absurdes encore, soit en faisant parler un auteur de choses
dont il ne pouvoit avoir eu connoissance, soit en
le mettant en contradiction manifeste avec lui-
même, soit en incrustant si gauchement les pièces
de rapports dont ils chargeoient son ouvrage, que
l'œil le plus inexpérimenté en voyoit facilement la
supposition. Il y a des exemples de ce genre de
supercherie dans Josephe, et même dans Tacite,
dont nous n'avons peut-être conservé quelques ouvrages qu'à ce prix. (1)

X. Il faudroit bien se garder de comprendre
dans la même classe l'auteur laborieux et utile qui
a cherché à remplir, d'une manière profitable pour
les lettres, les lacunes d'un écrivain célèbre, en re-

---

(1) Je ne suis pas catholique, mais je suis né dans la religion
chrétienne ; et il me semble que toutes les communions doivent
s'accorder à détester les mensonges, dont un zèle mal entendu
s'est servi pour faire triompher la vérité.

connoissant avec sincérité la part qu'il avoit eue à ces additions. C'est même une entreprise utile pour les ouvrages d'histoire, où l'esprit excuse volontiers quelque incohérence dans le style, moyennant qu'on rétablisse l'enchaînement des faits que quelque mutilation a rompu, surtout quand le style n'est pas la première partie de l'écrivain, comme il l'est dans Tacite dont je ne conseillerois à personne de réparer les pertes. Je sais donc gré au bon Freinshemius de n'avoir pas étendu jusque là ses sages travaux, et de s'en être tenu à Tite-Live et à Quinte-Curce, chez qui la partie du style est excellente, mais parmi les ouvrages desquels il pouvoit coudre plus hardiment quelques lambeaux de sa façon, parce qu'on y cherche encore plus avidement le fond des événemens que la forme qu'un habile écrivain y peut donner. Au reste, puisqu'il seroit indiscret, et même téméraire d'oser s'adjoindre à un historien comme Tacite, quelle opinion n'inspirera pas le versificateur imprudent, qui ne craindra point d'attacher ses conceptions à celles d'un grand poëte, comme Mapheo Weggio, qui s'est avisé de donner un treizième chant à l'*Enéide ?* J'aimerois presque autant l'audace de Vida, qui a refait l'*Art poétique* d'Horace, dans la même langue.

Mais il est arrivé de temps en temps que la supercherie s'est mêlée de ce remplissage, et que l'auteur des additions, intérieurement satisfait de la vérité avec laquelle il avoit imité le style de son modèle, n'a pu résister à l'envie d'en faire pour le public une occasion d'erreur. C'est ainsi qu'il faut considérer , selon moi , les fameux fragmens de Pétrone , publiés par Nodot, quoiqu'ils offrent, avec leur original , un air de ressemblance fort heureusement saisi. Je ne dissimule pas, d'ailleurs, que Pétrone même me paroît le prête-nom d'un faussaire , ou qu'il faut que le livre infâme qui nous en reste n'ait aucun rapport avec la satire de la cour de Néron , qu'on y a ridiculement cherchée. M. de Voltaire a traité cette question avec un esprit de critique très judicieux , qui ne me laisse rien à ajouter, sinon que cette question en elle-même ne mérite pas qu'on y attache grande importance, puisque le *Satyricon* est du nombre de ces livres dont la connoissance peut à peine être avouée par un honnête homme.

XI. Les amateurs d'un genre tendre et voluptueux, mais sans aucun cynisme , éprouvoient plus de regret de la perte d'un fragment de *Daphnis et Chloé*, que MM. Renouard et Courrier ont eu le bonheur de retrouver dans le manuscrit de Florence. Une fatalité, qui paroît attachée à cette espèce de découverte , et qui prête un argument très spécieux à ceux qui en veulent nier l'authenticité, paroît avoir anéanti, au moins en grande partie, le feuillet du texte original où ce fragment est contenu ; mais indépendamment de la confiance que méritent les savans que j'ai nommés, la petite querelle littéraire qu'a suscitée ce malheur le constate bien suffisamment. Le fragment rétabli est donc certainement de Longus, quoique M. Courrier ne manque pas du talent propre à fort bien contrefaire les anciens et les modernes, et qu'il ait particulièrement réussi de la manière la plus heureuse dans la traduction qu'il a donnée du fragment même, en style d'Amyot.

Cette sorte d'imitation du style d'un auteur est un jeu d'esprit auquel tout le monde ne peut pas s'élever, et qui n'est pas susceptible d'un grand développement. Les tours familiers d'un écrivain peuvent se rencontrer, mais non pas l'ordre et la succession de ses idées. La forme du style est une espèce de mécanisme qui se réduit à quelques moyens, entre lesquels les auteurs se décident suivant leur penchant ou leurs facultés ; mais la conception d'un plan est le résultat d'une manière expresse et particulière de sentir les rapports des choses, et il est à peu près impossible d'en deviner le secret. On pourra me citer quelques exemples qui ont démenti cette règle, mais seulement dans un genre de style très facile à imiter, comme *la Marianne* de Marivaux, que mademoiselle Riccoboni a achevée dans le même goût, et de manière à tromper les amateurs de cette espèce de lectures. Je soupçonne que les éditeurs de la *Nouvelle Héloïse*, qui y ont ajouté une nouvelle lettre de Saint-Preux, que je n'ai jamais été curieux de lire, ne s'en sont pas tirés si heureusement. C'étoit une tâche qu'il falloit céder à M. le Suire, auteur très oublié de l'*Aventurier français*, dont il sera question plus loin, et qui s'entendoit mieux qu'eux à ce pastiche; ou plutôt c'étoit une tâche dont il ne falloit pas se charger du tout; car on peut croire à toute force que Rousseau avoit bien quelque raison pour laisser son roman comme il est.

Je ne croirai donc pas aisément à la perfection d'une imitation d'ostyle d'une certaine étendue, parce que le système de la composition me détromperoit, même quand la construction de la phrase me feroit illusion. Ainsi, je comprendrois bien que Guillaume des Autelz ou un de ses contemporains, avec autant d'esprit que lui, eût réussi à intercaler dans Rabelais un petit chapitre qui se lieroit avec le reste, sans inspirer de soupçons; mais on auroit de la peine à me persuader qu'il en eût fait tout le dernier livre. J'ai entre les mains un recueil assez curieux de pièces de ce genre (J), mais aucune n'outrepasse les bornes de quelques pages d'impression. (1)

---

(1) Il en est de même dans la peinture, où cette petite composition s'appelle *pastiche*. On parvient à saisir quelque circonstance de la manière d'un artiste, et comme cette circonstance, ordinairement frappante, est la première qui saute aux yeux du vulgaire, il n'est pas difficile de s'y tromper. Mais l'observateur, qui s'attache à la pensée, et qui cherche inutilement sur la toile celle que le même sujet auroit suggérée à Raphaël, à Le Sueur, à Girodet, n'est pas long-tems dupe de l'erreur commune, les têtes du Guide manquant de rondeur, et Jordane le Napolitain s'exerçoit à ne faire que des têtes plates, qu'il vendoit fort cher aux curieux. Toutefois les tableaux de Jordane ont diminué de

Il y a peu de pastiches plus connus que ceux
d'après Balzac et Voiture, qui se trouvent dans

---

valeur, et les connoisseurs ne s'y méprennent plus guère, que
je sache. Téniers avoit un talent rare pour les pastiches ; et Bon
Boullogne , encore plus heureux que Jordane, dans la contrefaçon du Guide , eut l'adresse de tromper Mignard lui-même ,
qui ne se vengea de sa supercherie qu'en l'engageant à faire
toujours des Guide , et à ne plus faire de Boullogne. Si ces
peintres sont encore connus, ce n'est cependant point par leurs
pastiches. Ce genre n'annonce pas un talent qui s'élève le moins
du monde au dessus de la médiocrité , et j'ai connu en Allemagne un peintre qu'on ne croyoit pas capable de rien peindre
de mieux qu'une enseigne , et qui réussit merveilleusement tout
à coup dans l'imitation des beaux intérieurs d'église de Peter
Neef.

Je n'appelle point *pastiche* la copie exacte d'un tableau ; c'est
une autre espèce de travail très nécessaire aux élèves et souvent
aux maîtres , et qui multiplie avantageusement pour le public,
les bonnes et rares productions. Le talent du copiste exige plus
de soins que celui de l'auteur de *pastiches,* qui annonce de son
côté plus d'esprit et plus de feu ; mais le second est de pure
curiosité , et le premier, d'une utilité réelle , qui doit le faire
considérer. Ce n'est cependant qu'autant qu'il n'est point ac-
compagné de la prétention de tromper l'opinion des acquéreurs,
cas dans lequel il devient aussi coupable que possible. A part
cela, une copie ne sauroit être trop scrupuleusement semblable
à son modèle , ce qui arrive rarement , parce qu'une copie parfaite devroit avoir, dans son exécution, au moins une partie du
génie de l'auteur , et qu'il faudroit pour cela qu'elle sortît aussi
du pinceau d'un grand maître. Tels sont , par exemple , ce beau
portrait de Léon X , copié de Raphaël par André del Sarte,
avec tant de perfection , que Jules Romain, qui en avoit fait
les habits, ne put distinguer la copie de l'original; et ces paysages
copiés du Poussin, où Nicolas le Loir fait admirer quelque
chose de la touche sublime de son modèle.

quelques éditions des *OEuvres* de Boileau (K. Ce grand écrivain s'entendoit très bien en pastiches, comme on en peut juger aussi par celui qu'il a fait des vers de Chapelain (L, et qui en imite admirablement la rauque et barbare harmonie. Cette espèce de pastiche satirique a un avantage incontestable, puisqu'il fait ressortir le ridicule d'un mauvais langage ou d'un faux talent. Molière n'a pas dédaigné ce moyen dans *les Précieuses*, dans *les Femmes savantes*, dans *le Misanthrope*, où le jargon affecté de quelques cercles à prétentions, et les jeux de mots de quelques méchans poëtes sont si plaisamment sacrifiés au bon goût. Rabelais lui avoit donné cet exemple dans sa grossière, mais inimitable satire. Soit que les discours de l'écolier limousin aient pour type *les angoisses de dame Hélisenne de Crenne*, comme on l'a prétendu, soit, comme je le pense, que Rabelais en ait fait une critique générale de la manie de latinisme qui s'introduisoit alors dans notre langage, il est évident qu'on ne pouvoit pas attaquer plus ingénieusement le travers des écrivains à la mode. Aussi la même méthode a souvent servi depuis.

Il est à remarquer, et cette observation nous fournira même une théorie littéraire assez curieuse, que non seulement il est difficile de donner de l'étendue à un pastiche bien fait, mais encore que les ouvrages excellens sont ceux qui se prêtent le moins à l'art du pastiche. On contrefait sans peine quelque défaut remarquable, mais il faut de toutes

autres facultés pour bien imiter des perfections.
Cette vérité est d'une application universelle dans
la morale comme dans les arts. Si le Guide a donné
lieu à d'excellens pastiches, c'est qu'il négligeoit
un effet d'ombre très nécessaire et très facile à saisir.
Il y a, au contraire, mille copies pour un pastiche
de Raphaël, qui n'offroit à l'imitateur aucune défectuosité saillante de composition ou de dessin.

XII. Rapportons cette idée à la littérature. Les
grands hommes de tous les siècles se reconnoissent
à un style à la fois noble et naturel, dont la beauté
ne doit rien à des combinaisons artificielles et re-
cherchées. Il est fort, énergique, imposant ou doux,
insinuant et agréable, selon la pensée qui en est
revêtue, et non par le concours de certains mots ou
le jeu de certaines figures. On pourroit dire qu'il
est tissu d'idées et non pas d'expressions, tant le
signe dont l'écrivain fait usage s'anéantit dans le
sentiment qu'il exprime ! Ainsi ont écrit Virgile,
Racine, Boileau, Fénélon. Je doute qu'on en ait
jamais fait de bons pastiches. On y réussit mieux
avec de très beaux génies presque du même ordre,
mais qui ont affectionné certaines formes de style,
comme des coupes singulièrement brusques, des
désinences subites, des inversions inusitées, des
réticences, des exclamations ou tel autre genre de
figures. Les enthousiastes de Cicéron sont parvenus
quelquefois, comme je l'ai dit, à le suivre d'assez
près dans quelques phrases. Il n'y a point de jeune

homme avec quelque esprit, qui n'ait trouvé de tems en tems une tirade du goût de Lucain, ou une période pompeuse et sonore comme celles de Florus. On imite, jusqu'à un certain point, le style saccadé, rompu, apophtegmatique de Sénèque, et la concision énergique de Tacite, à cela près qu'il y a peu d'hommes qui puissent parvenir aussi aisément à égaler la vigueur de leurs hautes pensées, qu'à rendre cette apparence dont ils les habillent; et, au total, ces pastiches ne tromperont que des esprits inexpérimentés ou distraits. Mais si un talent, plus audacieux que solide, entreprend de suppléer au défaut du véritable génie, par quelque innovation qui semble en tenir lieu au premier abord, et dont l'air étranger cause une espèce d'étonnement qu'on peut prendre pour de l'admiration, rien ne s'oppose alors à la parfaite ressemblance du pastiche, le secret de l'auteur contrefait étant tout entier dans quelqu'artifice de mécanisme ou de construction que chacun peut employer comme lui. Je ne crains pas de dire qu'il n'y a point de pierre de touche plus certaine pour distinguer un véritable mérite littéraire de celui qui ne doit son éclat qu'à une industrieuse combinaison de mots. Le vrai talent ne fonde point d'écoles. Les maîtres du style approchent plus ou moins les uns des autres, mais ils ne se ressemblent pas. Le langage de Virgile est autre que celui d'Homère, et celui de Milton diffère de tous deux, quoique tous trois soient presque également divins. Cette conformité de manières qui constitue les écoles, n'appartient qu'à la médiocrité. Voulez-vous donc juger d'un écrit éblouissant, et savoir avec bien de la précision s'il a entraîné votre opinion par des qualités propres et en quelque sorte intrinsèques, ou s'il ne doit son premier succès qu'à la déception causée par un appareil adroit? soumettez-le à l'épreuve du pastiche.

Il s'est élevé, par exemple, de notre tems, une école de prose et une école de vers, qu'il n'est peut-être pas inutile de signaler avant que le goût de nos neveux en ait fait justice. J'ai cependant si peu de droit de m'ériger en arbitre de ces matières, que je serois fâché que personne conclût rien de positif de mon opinion (1); je la donne pour mienne et non pour bonne, laissant au jugement du lecteur à se fixer à son gré, après et non selon ce que j'ai à dire. Je préviendrai même, si je le puis, son senti-ment sur les novateurs, par un témoignage que

---

(1) Le Français n'est pas ma langue naturelle, et c'est une raison de plus pour que mon opinion sur l'état actuel de la littérature française soit de très peu de poids. Je suis d'ailleurs tout à fait étranger à cette littérature, et le jugement que j'en porte n'est déterminé par aucune prévention. C'est l'expression simple de ma pensée, juste ou fausse, dont je m'abstiens de faire aucune application personnelle. J'honore tous les talens et même toutes les émulations, car l'émulation est toujours louable, ne fût-elle pas justifiée par le succès. Si l'on croit reconnoître les chefs des écoles que j'indique, c'est qu'il ne m'étoit pas possible de ne pas les laisser deviner. On ne sauroit définir un mérite aussi distingué que le leur sans le signaler tout à fait. C'est un privilége, et peut-être un malheur du génie.

je me félicite de leur rendre : c'est qu'il faut convenir qu'ils sont venus dans un tems malheureux, c'est-à-dire, vers la décadence d'une très belle littérature, où il n'y avoit plus de rangs bien éminens à prendre ; de sorte qu'on doit leur savoir quelque gré d'essayer de remplacer, par une innocente industrie, les ressources qui leur ont été ravies par leurs devanciers. Il est vrai qu'ils n'y parviennent point sans miner ainsi involontairement les restes de cette littérature, et sans en provoquer la chute entière ; mais c'est une chose qui fait partie essentielle d'un ordre immuable, et qui a des exemples dans tous les siècles. Ainsi, et par les mêmes procédés, s'anéantit le génie des muses grecques, dans l'école d'Alexandrie ; ainsi dégénérèrent les muses latines sous les vêtemens apprêtés et les ornemens factices dont les chargèrent Stace, et puis Ausone et Claudien. Les littératures ont une espèce de vie qui peut se comparer à celle des êtres animés ; elles commencent par un bégaiement imparfait, qui laisse cependant distinguer parmi ses articulations confuses quelques traits d'une grande pensée qui se développe peu à peu. Jeunes, elles ont le feu et l'inspiration ; adultes, la vigueur et la majesté ; plus vieilles, une maturité grave et imposante ; la décadence arrive après tout cela, traînante, débile et méconnoissable. En vain une main adroite voudra la rajeunir d'un fard encore inconnu, ou prêter à ses membres grêles et décrépits un secours trop tardif : sa foiblesse percera partout jusqu'à ce qu'elle succombe enfin sous le poids de ces joyaux barbares qui l'accablent sans l'orner. Oserois-je dire quelque chose de plus ? les hommes, de quelque esprit qu'ils soient, envoyés par le sort aux jours d'extinction d'une littérature usée, me semblent avoir la même mission que ces grands insectes des forêts, que la nature destine à hâter la division des arbres croulés et la corruption de leurs débris; ils croient édifier, et tous leurs travaux n'aboutissent qu'à détruire.

Ce qui fait le premier charme du style, et particulièrement dans la poésie, c'est la fraîcheur, la nouveauté, l'originalité des images; c'est cette fleur d'imagination que le temps fane si vite, et qui ne reprend plus sa grâce et son parfum une fois qu'elle est passée. A l'origine d'une langue ou d'une poésie, ce qui est peut-être la même chose, toutes les idées sont vives, brillantes, animees, et par conséquent toutes les sensations agréables et profondes. Au contraire de beaucoup d'institutions humaines, qui n'ont jamais plus d'éclat et de solidité apparente que quand elles vont tomber, celles-ci se dégradent en approchant de leur fin. La langue d'Ennius étoit déjà forte, éloquente, harmonieuse; le bas latin est le plus pitoyable jargon qui ait été employé par les hommes.

Les poëtes qui se distinguent un peu de la foule par leurs talens, et qui arrivent trop tard pour jouir des avantages d'une poésie toute nouvelle, essaient de vaincre comme ils peuvent un obstacle qui tient à leur siècle, et qui ne prouve rien contre eux;

mêmes. Quelquefois, peut-être, ce noble sentiment d'une véritable force parvient à produire un miracle; mais ils sont très rares dans l'histoire de la littérature; et un grand poëte dans une langue usée est une exception si remarquable, qu'elle est plus propre à confirmer la règle qu'à la combattre.

Au défaut du mérite extraordinaire dont il faut qu'un Alfiéri soit doué, pour renouveler sa poésie et sa langue, le poëte se sert alors de moyens factices, qui produisent pendant quelque tems le même effet, mais qui s'épuisent plus vite encore que ceux que donnent la nature et le génie. Toutes les licences plaisent quand on les hasarde pour la première fois, parce qu'elles étonnent, et que, dans les sensations que produisent sur nous les ouvrages littéraires, il n'y a rien de plus près du plaisir que la surprise; mais elles choquent dès qu'elles ont cessé d'être nouvelles. Bientôt le prestige est découvert, parce que la médiocrité maladroite en use sans grâce et sans esprit, et qu'elle laisse deviner ses moyens. Une autre innovation succède à la première, et ainsi de suite, jusqu'à ce que la source en soit tarie. Pendant ce tems, la véritable poésie, altérée par ces vaines métamorphoses, finit de vieillir, et meurt.

La décadence des littératures anciennes, en se mariant avec l'origine des littératures modernes, les avoit infectées, par exemple, de la plupart des défauts qui l'accompagnèrent. Ainsi Corneille emprunta son goût pour l'antithèse du vieil espagnol

Lucain et du moderne espagnol Calderon. On convient que l'opposition de deux idées, qui est généralement un moyen sûr de frapper l'imagination, n'est pas à rejeter dans toutes les occasions; mais dès qu'elle laisse apercevoir la recherche et le travail, elle devient insupportable; et ce malheureux défaut, qui a perdu le beau talent de Balzac, nuit, aux yeux de bien des gens de goût, à la perfection du Cid.

Eh bien, quand, au bout d'un siècle, Voltaire essaya de raviver les ressources du langage poétique, l'antithèse, qui avoit dès lors tout l'éclat de la nouveauté, après le long terme de son exil, se présenta d'abord à lui; la souplesse extrême de l'esprit du poëte se plia facilement à cette figure symétrique et maniérée, qui a été ignorée d'Homère, dont on trouveroit difficilement quelques exemples dans Virgile, et qui ne se montre avec abondance que dans les littératures dégénérées; figure aussi incompatible avec la belle construction poétique, qu'elle l'est avec la vérité et la raison; qui brise, qui mutile, qui dénature la pensée; qui donne à la période un ton sec, uniforme, monotone; qui contraint l'esprit à s'occuper sans cesse de comparaisons et de contrastes, et qui déplaît par là prétention, même quand elle ne révolte pas par le défaut de propriété et de justesse.

L'inconvénient de l'antithèse, inconsidérément prodiguée, frappa si universellement les lecteurs de *la Henriade*, que l'école poétique qui s'est formée

depuis s'efforça de subvenir à son usage par d'autres
procédés, ou du moins de le modifier par des innovations analogues. L'opposition avoit été jusque là
dans l'idée ou dans l'image ; on s'avisa de la mettre
dans les mots, ce qui est encore plus inconvenant
et plus faux. Deux substantifs contrastés avec eux-
mêmes aux parties extrêmes et aux parties moyen-
nes d'un vers, comme les quantités d'une proposition
arithmétique, parurent un des grands efforts de
l'esprit humain. Ce n'est pas tout. On admiroit depuis longtems dans Virgile, dans Corneille, dans
Racine, de belles alliances de mots, et ces rappro-
chemens étoient en effet admirables, parce qu'ils
n'étoient pas le fruit d'un travail aussi ridicule
qu'ambitieux, mais la découverte du génie. Ce qui
avoit été un bonheur rare pour ces grands hommes,
devint pour leurs successeurs une bonne fortune de
tous les momens ; il ne s'agit plus que de marier,
sans égard pour le sens commun, des expressions
étonnées de se rencontrer ensemble, et d'attacher à
chaque mot qui naissoit sous la plume, un attribut
dont il étoit suivi pour la première fois. Nos journaux n'eurent plus assez d'éloges, et nos académies
n'eurent plus assez de couronnes pour les heureux
génies qui prodiguoient si aisément les beautés les
plus rares de la poésie ; et personne n'osa dire avec
Alceste :

Ce n'est que jeux de mots, qu'affectation pure,
Et ce n'est point ainsi que parle la nature.

Tout ce faste ne rappelle-t-il pas celui de ces

5 *

ambassadeurs des Barbares, qui arrivoient au sénat de Rome, chargés d'or et de perles, mais parmi lesquels on auroit inutilement cherché un orateur comme le paysan du Danube? Racine est plein de vers fort simples, qui sont sublimes de sentiment, et qu'on n'oseroit plus hasarder, maintenant que le premier hémistiche ne fait plus éclater l'ivoire de Mélinde sans que le second lui oppose l'or d'Ophir. Ce qu'il y a de pis, c'est que les soixante ou quatre-vingt mille mots d'une de nos langues, pouvant fournir pendant une longue suite de siècles à cette espèce de combinaison, il n'y auroit aucune raison pour que les générations poétiques ne se succédassent pas à l'infini, si un pareil désordre ne devoit tuer la langue et sa prétendue poésie avec elle. On conçoit du moins combien le pastiche de la nouvelle école est facile, et quel service il rendroit à la saine littérature, s'il étoit traité à la façon de Molière et de Rabelais. Je me souviens, en ce genre, de quatre vers sur la chaussure d'un curé de campagne :

> D'un indigo foncé, l'onde dépositaire,
> Avoit teint ses bas blancs d'un azur adultère.
> Des neiges de janvier, l'albâtre accusateur
> Ternit de son éclat leur éclat imposteur......

et je regrette que l'homme d'esprit qui s'y jouoit n'ait pas poussé la plaisanterie plus loin ; car les bouts rimés de nos jours méritent bien à la fin une aussi rude guerre que ceux que Sarrazin a vaincus. En attendant, nos versificateurs entassent les uns sur les autres les pastiches qu'ils font d'eux-mêmes ;

car on ne peut pas appeler autrement ces trois ou quatre cents poëmes pygmées qui paroissent tous écrits sous la dictée du même auteur, sur le même plan, et qui plus est sur les mêmes rimes ; conformité si frappante, qu'il est impossible d'en lire un qu'on ne puisse attribuer à l'auteur de l'un des autres, et que l'Académie même, embarrassée dans son admiration, laisse flotter son choix sur une vingtaine d'auteurs. Je doute que Racine et Boileau eussent éprouvé le même embarras dans le même sens.

Les innovations qui se sont introduites dans la prose ne sont pas moins remarquables et pas moins faciles à saisir par le compositeur de pastiches. Comme si le style qui avoit encore été animé de tant d'esprit par Montesquieu, de tant de majesté par Buffon, de tant d'éloquence et de feu par J. J. Rousseau, s'étoit trouvé insuffisant tout à coup pour rendre les nouvelles conceptions de leurs successeurs, on l'a échangé contre je ne sais quel langage qui retentit long-tems dans l'imagination, sans rien porter à l'intelligence, et pour lequel semble avoir été fait ce vers fameux :

Sunt verba et voces, præterea que nihil (1).

D'abord on a relevé la prose, non par le choix

---

(1) La fin de ce vers n'est pas d'Horace, et le commencement n'est pas dans le sens où il est pris ici. Je crois que c'est Quintilien qui l'a transporté par allusion dans sa prose, mais je n'en répondrois pas ; car il ne faut répondre d'aucune citation quand on a passé vingt ans sans livres.

des pensées et la propriété des expressions; comme l'ont fait les grands maîtres, mais par une espèce de vernis poétique tout à fait étranger à son caractère, par des inversions qui la torturent, par une recherche de coloris qui la déguise et qui ne l'embellit point. Bossuet, que la matière de ses grandes méditations ramenoit souvent à l'étude des livres primitifs, et qui a pour ainsi dire fondu dans son style celui de la Sainte Ecriture, Bossuet avoit employé rarement quelques pluriels inusités, qui jetoient dans sa phrase un air de pompe et de solennité très extraordinaires. Ce petit secret est devenu l'instrument le plus fastidieux du style moderne. Aucun substantif au singulier n'a osé se présenter dans la prose soutenue; le pluriel lui-même ne s'est guère hasardé à y paroître sans être appuyé d'un collectif emphatique; les foudres ne grondent plus qu'au milieu de tous les orages et de toutes les tempêtes; le zéphir ne frémit plus que parmi toutes les solitudes; et l'on ne voit plus le désert sans toutes ses brisées, ni la mer sans tous ses rivages (1).

(1) Il est à remarquer que M. de C*, qui connoit si bien la propriété hyperbolique du pluriel, et qui en a vu de si fréquens exemples dans la Bible, a voulu donner l'*Elohius* du commencement de la Genèse, pour une preuve de la Trinité, quoiqu'il soit impossible d'y trouver autre chose que ce petit artifice du langage poétique, qui relève effectivement la valeur du substantif, en lui donnant une extension indéterminée de nombre. Le collectif *les dieux* s'est toujours pris pour l'unité dans le style poétique. M. de C* a pu lire cette expression dans Platon, dans Xénophon, dans Cicéron, dans tous les philosophes qui ont

Pascal avoit trouvé, de son côté, l'art d'augmenter la majesté d'un sentiment en le faisant contraster en quelque manière avec la simplicité, et quelquefois la trivialité de l'expression. Fénélon, et quelques autres écrivains d'une âme douce et sensible, ne réussissoient pas moins bien à *attendrir* leur style, si je puis m'exprimer ainsi, en laissant tomber dans la contexture même de la période, une courte réflexion qui ramenoit le lecteur à quelque affection touchante et habituelle. C'étoit surtout l'art de La Fontaine. Ces deux moyens, moins mécaniques que le précédent, n'ont pas engendré un moins grand abus, et ce qu'il y a de malheureux, c'est que de beaux talens même ont donné l'exemple de cette prostitution de style, en les mettant à tous les emplois, et en livrant ainsi au vulgaire les mystères de la langue du génie. Ajoutez à cela quelques petits lambeaux du style le plus aisé de tous, du style descriptif, et vous saurez ce qu'on appelle mainte-

---

reconnu de quelque manière l'unité de Dieu; nos poëtes mêmes s'en servent, et qui pis est dans des poëmes chrétiens. La pluralité a toujours été un nombre majestueux, solennel, et très convenable à la puissance suprême. Le roi d'Espagne s'appelle *moi*, par une exception fort rare, mais nos princes se sont toujours appelés *nous*. Il seroit aussi absurde de faire d'*Elohius* une preuve de la Trinité, que de conclure du *nous* des vieux édits, que nous avions deux rois comme à Sparte. Il y a loin cependant encore du style de la chancellerie à celui de Moïse : j'aime à croire que la Trinité se prouvera bien sans tout cela ; et j'aimerois encore plus à voir que les gens de lettres ne se mêlassent plus de ces questions qui ne les concernent guère.

nant le métier en littérature ; car cette expression avilissante, usitée en peinture pour la partie purement matérielle de cet art, devoit naturellement se transporter au servile mécanisme dont je parle. Ceux qui l'emploient ont en apparence un moyen de justification bien spécieux : Eh quoi! disent-ils, que peut-on blâmer dans nos écrits? ce tour est de la Bruyère ; cette inversion qui vous révolte est calquée sur celle-ci que vous admirez dans Fléchier ; cette locution que vous condamnez est tirée des *Provinciales* ou des *Oraisons funèbres*. J'en conviens avec vous ; mais ne nous exposez plus à critiquer dans vos ouvrages l'auteur des *Oraisons funèbres* ou des *Provinciales*. Songez que telle chose qui, avec tous ses points de liaison, et pour parler comme vous, avec toutes ses harmonies, a pu être parfaitement belle chez eux, est chez vous extrêment déplacée. Rappelez-vous que les mots, et par conséquent les tours qui en sont formés, ou les figures qui en résultent, ne sont que des vêtemens de la pensée, qui n'ont aucune beauté propre, et qui paroissent sublimes ou ridicules, selon l'image ou le sentiment qui en est habillé. Le marbre de Carrare est une des plus belles productions de la nature ; mais un fragment de cette pierre peut être fort mal à sa place dans une mosaïque.

Je répète avec plaisir, et la mauvaise foi seule diroit le contraire, que parmi les fondateurs de ces déplorables écoles, il se trouve des talens vrais ; car il faut à toute force un vrai talent pour donner de

mauvais exemples en littérature. Mais pour un écrivain qui se fait excuser à force de beautés, dans
une dangereuse innovation, combien d'autres qui
la chargent, qui l'exagèrent, qui la rendent irré-
médiable, et qui n'ont rien pour la justifier. Le premier a du moins, ou assez d'esprit pour cacher
plus ou moins à la foule des lecteurs la nouvelle
ressource sur laquelle il édifioit les espérances de sa
gloire; mais le public, bientôt détrompé, s'étonne
enfin de n'avoir applaudi que des pastiches, car il
est impossible de caractériser ce genre autrement.
Les juges à la mode auront beau s'extasier devant
ces pages surprenantes, et s'écrier à l'envi : Voilà
du Fénélon; voilà du Bossuet; ceci rappelle Homère, et cela, Isaïe. Oui, sans doute, leur répondrai-
je, comme les têtes plates de Jordans rappeloient
le Guide. L'auteur de tout ce sublime pourroit être
un homme fort médiocre, mais assez heureux dans
le pastiche.

Pendant que j'en suis sur ces curiosités, qui n'ont
jamais été traitées, au moins à ma connoissance, à
ce que je viens de dire de ce caractère, auquel on
reconnoit la médiocrité, qu'elle prête infiniment
plus au pastiche que le beau, j'ajouterai qu'il est
également du caractère d'un vrai talent, de ne pas
s'accommoder avec facilité au genre du pastiche,
soit qu'on en fasse l'objet d'un travail sérieux, soit
qu'on n'y voie qu'une matière d'exercice et de di-
vertissement, comme Boileau; et si la supériorité
de celui-ci a descendu à cet amusement, dans quel-

ques circonstances avec beaucoup de succès, je crois qu'il faut attribuer cette exception à l'étude particulière qu'il avoit faite des différens styles et de leurs défectuosités, pour se former ce goût supérieur qui l'a élevé à un rang si distingué parmi les écrivains de son tems. En effet, ce n'est pas le signe d'un mérite réel, que d'aller dépouiller les anciens des perfections qui les recommandent à l'admiration générale, pour y dérober quelque droit, et obtenir ainsi, par le secours de l'art, ce qu'ils ne devoient qu'à un naturel ingénieux et profond. Les talens distingués sont d'ailleurs accompagnés de je ne sais quoi de naïf et d'original qui s'arrangeroit mal de cette espèce de servitude ; et je suis porté à croire, d'après cela, toutes les fois que j'entends dire, à la louange d'un style en particulier, qu'il a l'apparence de tel autre, tout parfait que soit ce dernier, qu'il s'agit d'un pauvre style et d'un pauvre auteur. Qu'on lise tous les grands écrivains de tous les tems, on verra que le style qui repose sur des principes si simples, est cependant aussi susceptible de modifications différentes que les traits du visage et l'expression des physionomies. De la même manière que la combinaison de cinq ou six traits a produit le beau parfait dans le Jupiter de Myrron, dans l'Hercule Farnèse, dans l'Apollon, dans le Phocion, dans la Vénus, sans qu'aucune de ces figures ressemble à l'une des autres, les combinaisons de la pensée ont produit le beau du style, avec une perfection également accomplie, et pourtant toujours diverse. L'appropriation des termes aux idées étant le véritable secret du style, elle doit être le principal motif de ses diversités; mais le caractère de chaque écrivain y influe encore d'une manière si forte, qu'on peut dire qu'un écrivain qui n'a point de style propre n'a point de caractère propre; et c'est en ce sens surtout qu'est exactement judicieuse cette proposition : *que le style est tout l'homme.* Voilà qui est si universellement reconnu, qu'il ne seroit pas permis de croire qu'un seul des innovateurs en ait douté, et ils n'ont même innové que pour cela; mais ils ont cru se faire un style original en renouvelant des moyens usés, ou en prodiguant des moyens qui n'avoient jamais été employés qu'avec économie, et c'est ce qui les a trompés. Ils vouloient se donner pour inventeurs, et ils n'ont fait que des parodies.

En un mot, les maîtres de la littérature ont *un style*, les écoles ont *une manière*, et c'est ce qu'attrapent comme ils peuvent la plupart des écrivains qui, encore une fois, n'ont point de style à eux. L'homme qui se livre à l'art d'écrire, par l'effet d'une inspiration toute puissante, imprime son sceau à ses ouvrages; l'esprit médiocre qui suit cette carrière par manie, ou par spéculation, ou, ce qui est plus excusable, peut-être, pour occuper sa vie d'une distraction agréable et innocente, leur imprime une foible contr'épreuve du sceau des autres, parce que la nature ne lui en a point donné; mais il est impossible qu'à force d'étudier et d'écrire, il

ne se fasse une routine qui lui tient lieu de quelque
talent, et qui consiste tout bonnement à mouler son
style sur celui dont le type s'est gravé fraîchement
dans sa mémoire : voilà ce que j'appelle un pastiche
naturel ou involontaire. Il y avoit à la fin du siècle
dernier un pauvre auteur de romans fort bizarres,
dont la fureur étoit de correspondre avec tous les
hommes de génie du tems. Comme ses lettres res-
toient presque toujours sans réponse, il prenoit le
parti de s'en faire lui-même; et il y mettoit un art
si admirable, que J. J. Rousseau, lisant dans une
feuille publique un de ces singuliers pastiches, qui
lui étoit attribué, n'osa pas affirmer qu'il n'étoit
pas réellement de lui ; chose d'autant plus remarquable, que le style ordinaire du falsificateur étoit
bien loin de celui de Rousseau, qu'il avoit si heureusement imité dans cette occasion. Il n'avoit
d'autre moyen pour produire cet effet, qui lui
manquoit rarement, que de lire avec obstination et
sans donner aucun repos à son esprit, pendant
plusieurs jours de suite, quelques pages de l'auteur
qu'il vouloit contrefaire. Au bout de ce tems, il
mettoit ses idées en ordre, et la couleur qu'il y
appliquoit paroissoit tirée de la palette de son modèle. Il le réfléchissoit ensuite comme cette pierre
de Bologne qui, après s'être pénétrée tout le jour
des rayons du soleil, en conserve encore quelque
lueur assez avant dans la nuit. C'est ainsi que Cam-
pistron ressemble à Racine, et Ramsay à Fénélon;
c'est ainsi que ressemblent à quelqu'un tous les

écrivains du second ordre, car au-dessous du premier ordre des écrivains, il n'y a plus que des styles empruntés.

Je ne dis point pour cela qu'il ne soit pas utile à l'écrivain le plus distingué d'étudier les modèles du style, et qu'il n'en puisse pas tirer un grand avantage; car, indépendamment des secrets particuliers du style, qui sont propres à tel ou tel auteur, il y a des beautés bien plus générales, qui sont communes à un grand nombre, et qui ne s'apprennent que par l'habitude de leurs ouvrages. La fréquente lecture d'Amyot et de Montaigne est, par exemple, une fort bonne initiation à l'art d'écrire, parce que les tours et certaines des expressions de leur tems, ont une naïveté, une richesse ou une énergie auxquelles notre langue actuelle atteindroit difficilement. On dit de beaucoup d'illustres auteurs qu'ils avoient copié plusieurs fois, celui-ci Thucydide, celui-là Tite-Live; un autre Machiavel ou Montesquieu. Racine savoit par cœur l'ingénieux roman de *Théagène et Chariclée*, et qui sait si nous ne devons pas à cette inclination de sa jeunesse quelques uns des traits tendres et touchans dont il a orné son admirable poésie? Qui sait si l'éloquence républicaine de Rousseau n'a pas été nourrie par la lecture de Plutarque, si chère à son enfance? Voltaire avoit toujours sur sa table *les Provinciales* et *le petit Carême.* Dans la *préface* d'un nouveau fabuliste, qui tomba dernièrement entre mes mains, l'auteur s'excuse de n'avoir appris qu'à l'instant de l'impression

de son livre, qu'un certain M. de La Fontaine s'étoit
distingué dans le même genre. Pour cette espèce
d'originalité, je la trouve par trop fière, et je sais
mauvais gré à ce poète naïf de n'avoir pas connu
son maître, quoiqu'il vaille mieux toutefois ne pas
le connoître, que de le refaire comme on l'a tenté.
Ce grand siècle est un peu vandale.

XIII. Comme il y a une manière très reconnois-
sable dans chaque école, on peut dire aussi qu'il y
a des styles *spéciaux*, des styles *professionnels*, sur
lesquels les écrivains se traînent servilement depuis
l'origine de la langue, et dont l'uniformité peut
tromper le goût le plus sûr. C'est particulièrement
dans les sciences, et par exemple dans cette vaine
étude de la bibliologie, que toutes les formules paroissent irrévocablement consacrées, et qu'il est
impossible d'être soi. Bayle, à qui l'on attribuoit
les *Considérations sur la critique des loteries de
M. Leti* (1), emploie pour s'en justifier des obser-
vations qui ont trop de rapport avec celles-ci, pour
que je néglige de m'en enrichir en passant. « Un
» jeune homme qui n'a pas encore de style formé,
» dit-il, prend aisément l'air d'un auteur qu'il vient
» de lire : celui-ci avoit peut-être passé deux ou
» trois mois de suite à courir tout mon *dictionnaire*.
» A son âge, la mémoire est tenace et s'imbibe
» aisément de ce qu'on lit ; et si de son naturel il

_____

(1) Elles étoient de M. Ricotier, le traducteur de Clarke.

» goûte mes maximes et mon caractère, il s'en
» emplit et s'en coëffe ; et se mettant là-dessus à
» composer, il fait presque ce que fait un peintre
» qui copie. Il m'est arrivé à cet âge-là que si j'é-
» crivois quelque chose après avoir lu tout fraî-
» chement un certain auteur, les phrases de cet
» auteur-là se présentoient à ma plume sans même
» que je me souvinsse distinctement de les y avoir
» lues. » *Œuvres*, tom. IV, p. 754. A quoi il devoit
ajouter que cette considération, très vraie, ne l'est
jamais plus absolument que pour les livres de faits
ou de critique verbale, qui n'ont, comme je l'ai
dit tout à l'heure, qu'une forme à peu près donnée.
Je sens très bien en m'amusant à recueillir ces
inutiles souvenirs dont ma mémoire étoit chargée,
pour remplir du moins de quelque étude les heures
d'une solitude oisive, qu'ils me transportent à l'é-
poque de mes anciennes lectures, et redonnent à
mon esprit l'allure des vieux bibliologues que j'ai
depuis si longtems perdus de vue ; mais je l'apprécie
sans l'éviter, et je me livre de gaîté de cœur à leurs
digressions sans fin, à leur babillage diffus, à leurs
méditations vides et pesantes. Le livre infructueux
qui naît sous ma plume ira, comme les leurs, augmenter la foule de ceux qu'on oublie ; et la matière
en est si peu de chose, qu'il ne mérite pas plus de
peine pour la façon. Je suis assez content de lui s'il
est digne d'être regardé comme un pastiche du plus
mauvais des compilateurs, comme le plus foible
appendix de l'indigeste fatras de Baillet.

XIV. Je ne quitterai cependant pas ce sujet sans entretenir le petit nombre de mes lecteurs de ces supercheries matérielles, dont quelques auteurs ou quelques libraires se servent pour donner du débit aux livres, matière abondante et riche à traiter, mais dont je me contenterai de tirer quelques détails piquans sans être neufs, qui toutefois n'allongeront pas trop cet écrit. Dans ce nombre, je ne parlerai pas de la contrefaçon, genre de vol justement prévu par les lois, et que sa bassesse rend indigne d'être l'objet d'une discussion littéraire. Je me bornerai à en distinguer deux espèces qui se font au moins remarquer par quelque mérite, au lieu que la plus grande quantité des contrefaçons joignent à l'infamie d'une action si honteuse, le désavantage d'une exécution très fautive. La première est celle qui est calquée si exactement sur l'original, qu'on ne parvient qu'avec beaucoup de difficulté à l'en discerner, ce qui la rend presque équivalente pour le lecteur, et par conséquent infiniment plus dangereuse que celle qui offense ses yeux par des incorrections choquantes. La seconde est celle qui enrichit l'original d'additions intéressantes, ou qui relève le mérite de son exécution typographique par des embellissemens nouveaux. Les ouvrages des bibliographes en produisent assez d'exemples.

XV. La plus ancienne ruse que l'histoire de la typographie présente à ma mémoire est celle que l'on attribue à Fust ou Faust, associé de Guttemberg,

qui vint, dit-on; vendre à Paris, au taux et sous
l'apparence des manuscrits ordinaires, les premières
Bibles de Mayence. On ajoute que la conformité
des caractères de ces prétendus manuscrits, et le
rapport exact de leurs pages, firent présumer qu'il
y avoit quelque chose d'étrange dans leur composition, et cela étoit vrai; mais comme tout ce
qui paroissoit étrange à cette époque paroissoit en
même tems surnaturel à des esprits aveuglés par la
superstition, qui attribuoient beaucoup de pouvoir
au démon, et qui n'avoient pas d'idée de celui du
génie, Faust fut considéré comme sorcier, et man-
qua d'être traité comme tel. Il se sauva, et l'imprimerie triompha dès sa naissance du fanatisme qu'elle
devoit un jour anéantir. C'étoient en effet de puis-
sans magiciens, que ces inventeurs de l'imprimerie,
qui alloit exercer sur le sort du monde une influence toujours croissante et à jamais indestructible;
mais ils pressentoient à peine les miracles que leur
découverte devoit opérer, et l'ignorance hargneuse
des inquisiteurs les pressentoit encore moins. S'il
en avoit été autrement, le beau présent que Guttemberg offroit à la postérité seroit sans doute perdu
pour elle.

XVI. Je n'ose pas qualifier du nom de supercherie, le soin qu'ont les auteurs et les libraires
de s'emparer des titres à la mode, pour profiter de
la curiosité du public, fixée par un ouvrage remarquable, et qui en cherchent partout l'équivalent;

comme cet imprimeur qui sollicitoit tous les écri‑
vains de sa connoissance de lui faire des *Lettres
persanes*. Les *Caractères* de La Bruyère ont en quel‑
que sorte enfanté une foule de livres intitulés *Carac‑
tères*, qui n'ont pas partagé leur longévité, mais
qui se sont très bien vendus dans le tems. Du mien,
j'ai vu débiter de gros volumes intitulés *Génie* où
il n'y en avoit point du tout, à la suite d'un livre
heureux où il n'y en avoit réellement pas mal. C'est
encore pis aux théâtres, qui se dérobent récipro‑
quement des sujets en vogue, pour avoir leur part
de l'engouement général; mais, en résultat, c'est un
plagiat de bien peu d'importance, que celui d'un
titre, et tout différent de celui de la plupart des
voleurs littéraires, qui n'ont que le titre à eux (1);
c'est même, le plus souvent, une maladresse am‑
bitieuse, et qui fait mieux remarquer la nullité de

(1) La justice n'en a pas jugé comme moi. Elle a condamné
comme vol *le plagiat de titre*, dans l'affaire du *Dictionnaire de
l'Académie*; mais tout se compense, et *le plagiat d'ouvrage*
est traité avec assez de douceur. Cela ne prouve pas que la
justice ne soit pas *juste*, mais seulement qu'il n'y a point de
jurisprudence en cette matière. Ce qu'il y a de fâcheux dans
l'affaire dont je parle, c'est qu'en attendant le dictionnaire
qu'un très savant homme nous a promis, nous en sommes
réduits à celui de l'Académie, qui est bien la plus méchante
compilation qu'on ait jamais faite en aucune langue. Celui
qu'on a traité de contrefaçon vaut beaucoup mieux sans valoir
beaucoup; mais sa destinée fait voir qu'il faut être soi le plus
qu'on peut; et que s'il est malhonnête de mettre les pensées
des autres sous son nom, il est très maladroit de mettre ses
pensées sous le titre qu'ont employé les autres.

l'auteur qui la commet. Je connois beaucoup d'*Essais dans le genre de Montaigne*, et pas un de ces livres qui soit lu. Tout le monde écrit des *Maximes*, et on ne voit que La Rochefoucauld dans les bibliothèques. On parloit, il y a quelque tems, d'un modeste rimeur qui se proposoit d'imprimer des tragédies *dans le goût de M. Corneille*. Je ne le lui conseille pas.

Parmi ces emprunts habiles, il y en a peu de plus remarquables et qui aient eu plus de succès que celui qu'a fait Chrétien Kortholt, du titre du fameux livre *De Tribus impostoribus*, pour son pamphlet contre Herbert de Cherbury, Hobbes, et Spinosa. Soit qu'il l'en ait revêtu par hasard, soit qu'il ait calculé l'effet qui en devoit résulter, il a réussi à donner à son livre une vogue et un débit qu'il n'auroit jamais obtenus par lui-même. Ce n'est pas la seule fois, au reste, si ma mémoire est fidèle, que l'astuce a levé ce tribut sur la curiosité ignorante; et je crois me souvenir qu'un libelle du même titre fut écrit en France contre trois philosophes, du nombre desquels étoit Gassendi; mais il paroît que sa fortune a été moins heureuse.

XVII. Puisque l'histoire des supercheries littéraires m'amène au livre *De Tribus impostoribus*, dont l'existence a été l'objet d'une excellente dissertation négative, de M. de la Monnoye, et qui, cependant, paroît depuis quelque tems dans les ventes, je ne perdrai pas l'occasion de chercher à éclaircir un peu la ruse dont il est l'objet. On sait combien ce singulier ouvrage a excité de discussions dans la littérature, et la dissertation dont je viens de parler ne laissera d'ailleurs rien à désirer sur cette matière. Il est difficile de n'en pas conclure que ce traité est un de ces livres dont le titre seul a existé (du moins jusqu'à nos jours) ; qu'un mot d'un prince célèbre en avoit pu fournir l'idée, mais qu'aucune plume n'en dut hasarder l'exécution, à l'époque où une telle liberté auroit été trop dangereuse ; que, sur le bruit qui s'en étoit vaguement répandu dans une certaine classe de gens de lettres, on lui prêta une réalité toutefois impossible ; que si l'on alla jusqu'à nommer les imprimeurs qui l'avoient publié, et qui donnoient quelque lieu à cette accusation, comme incrédules et comme habiles gens (les Wechel entr'autres), ce fut sans étayer cette opinion d'aucune autorité suffisante ; mais que penser alors des exemplaires de ce traité, qui sont actuellement connus, et dont la date se rapporte assez bien à l'époque où il a dû paroître, suivant toutes les hypothèses ? Cette découverte ne détruit-elle pas les raisonnemens les plus spécieux, et reste-t-il quelque chose à dire contre l'existence d'un livre qui se reproduit dans plusieurs catalogues de suite ? Cette question exige une solution double. Oui : il existe un traité *De Tribus impostoribus*, dont les exemplaires paroissent extrêmement rares ; non : le traité *De Tribus impostoribus*, qui a occupé les bibliologues du dix-septième siècle, n'existe pas.

Je possédois encore, en 1790, un exemplaire de ce livre, entièrement conforme à la description qu'on donne de ceux qui ont passé dans les ventes : c'étoit un petit in-8° de 46 pag., imprimé en Saint-Augustin romain, sur un papier de très peu de consistance, vieux, brun, et peut-être un peu bistre, ce que je n'ai pas essayé de vérifier alors; il portoit, sans autre indication, la date de 1598, que certains bibliographes ont regardée, je ne sais pourquoi, comme figurant celle de 1698. Je suis très persuadé qu'il n'est pas plus de cette dernière date que de l'autre, quoiqu'il y ait bien eu quelque raison pour que la supposition en eût eu lieu à cette époque. D'abord, la reine Christine de Suède avoit offert, plusieurs années auparavant, trente mille livres à quiconque lui en pourroit procurer un exemplaire, motif d'émulation très capable d'exciter l'industrie des falsificateurs. Ensuite, la liberté d'esprit, et, en certains pays, celle de la presse, étoient alors à leur comble. La Hollande et l'Allemagne regorgeoient de hardis réfugiés, pour qui ce travail auroit été un jeu; et quoiqu'il y ait toujours eu plus de difficulté à attaquer une ou deux religions en particulier, que toutes les religions à la fois, on ne voit pas que l'impression de ce livre ait pu offrir beaucoup plus d'obstacles que celle des audacieuses théories d'Hobbes et de Spinosa; mais il est bien certain, d'un autre côté, que le traité *De Tribus impostoribus* n'a jamais été livré à la reine Christine; il est malaisé de croire que s'il

eût été imprimé dès lors, au plus petit nombre
d'exemplaires qu'on puisse supposer, il n'en tat pas
parvenu quelque chose à la Monnoye, dont la dissertation n'a dû paroître que quelques années après.
Enfin, comment expliqueroit-on qu'il eût échappé
aux recherches des savans bibliographes du dix-
huitième siècle, des Prosper Marchand, des Sallengre, des David Clément, des Bauer, des de
Vogt, des de Bure, et de mille autres, et qu'il ne
se fût rencontré dans aucune de ces immenses et curieuses bibliothèques dont nous avons les catalogues?
On sait qu'il a été tiré à un certain nombre d'exemplaires qu'il n'est pas bien possible de déterminer,
mais dont trois qui ont pour moi toute l'authenticité
nécessaire : celui de M. de la Vallière, celui de
M. Crévenna, et le mien. Peut être même, à l'heure
où j'écris, cette quantité est-elle fort augmentée.
Or, des livres uniques, selon l'opinion la plus générale, comme le fameux ouvrage de Servet, la
première édition du *Cymbalum mundi* de Despe-
niers, le *Fléau de la Foi*, de Geoffroi Vallée, et
l'*Histoire de Calejava*, de Gilbert, ont été annoncés
et vendus de notoriété publique. On ne concevroit
donc pas ce qui auroit retardé l'apparition de celui-
ci, dans le cas où il seroit réellement fort antérieur
à la fin du dix-huitième siècle. Une note écrite par
un amateur connu, dit-on, sur son exemplaire du
catalogue de la Vallière, annonçoit que ce livre
avoit été fabriqué par le duc, de concert avec
l'abbé Mercier de Saint-Léger, bibliographe habile,

et très capable de prévoir avec adresse toutes les circonstances qui pouvoient dénoter la falsification. Il est présumable que cette édition n'a pas une origine fort différente de celle qui lui est attribuée dans cette note, au cas même où cette note ne mériteroit pas une confiance absolue. Indépendamment des raisons que j'ai alléguées, et qui semblent donner à cette probabilité le caractère de la vérité même, on pourroit la justifier par un examen très facile, je veux dire celui du papier, des caractères, et même du texte, mais que je ne suis plus à portée de faire, mon exemplaire ayant été détruit par la piété scrupuleuse d'un parent trop zélé, ou englouti dans un dépôt inconnu.

Quoi qu'il en soit, l'exemplaire du duc de la Vallière excita probablement quelque doute, puisqu'il ne fut vendu que 474 liv., prix considérable, mais qui ne paroît pas fort élevé pour un livre de cette considération, encore unique, et dont l'existence étoit depuis long-tems contestée. Celui de M. Crévenna fut probablement retiré, au moins je n'en ai jamais vu le prix sur son catalogue, qui m'est souvent tombé entre les mains; et on peut soupçonner que la vente en fut empêchée par la modicité des enchères. Ce qu'il y a de certain, c'est que ce livre, à le considérer comme falsification, et tout rare qu'il soit, ne mérite qu'une considération fort commune, surtout maintenant que les raisonnemens du déisme ont été rebattus jusqu'à satiété, dans des ouvrages beaucoup plus

solides. J'avoue qu'il en seroit autrement si l'édition
supposée du seizième siècle étoit réelle, et qu'on
pût l'attribuer à un Dolet, à un Henri Etienne, à
un Muret, et même à un Postel ; elle joindroit alors
au mérite d'une rareté extraordinaire, quelques
autres avantages, et particulièrement celui de nous
conserver les sentimens d'un écrivain distingué, et
celui de résoudre une question de bibliologie très
célèbre.

XVIII. Le motif qui a fait rechercher si long-tems
le traité *De Tribus impostoribus*, est fort étranger à
celui qui a fait la réputation de Phlégon. Cet auteur,
qui étoit de Tralles en Lydie, et qui a écrit un livre
fort curieux *des choses merveilleuses*, est cité dans
la chronique d'Eusèbe, où se lit un passage relatif
aux ténèbres qui apparurent à la mort de J. C. ;
c'est une de ces autorités que les premiers chrétiens
intercaloient trop légèrement dans les manuscrits
qui se trouvoient à leur disposition, au grand scan-
dale des pères de l'Eglise eux-mêmes, qui s'en
plaignent amèrement en plusieurs lieux. Ce savant
Jean Meursius, à qui nous devons tant d'excellens
livres d'antiquités et de lexicologie (et entr'autres
un Glossaire, qui a peut-être donné l'idée de celui
de du Cange), en publia chez le vieil Elzevier de
Leyde, en 1620, une excellente édition , où il
n'admit point dans son texte la citation d'Eusèbe, à
laquelle je doute même qu'il ait accordé la moindre
mention : ce dont je ne puis répondre pourtant,

mon exemplaire, qui venoit de la superbe bibliothèque de Grollier, et auquel étoient réunis Anti-
gone, Carystius, et Apollonius Dyscole, étant perdu
pour moi, comme tous mes livres. Quoi qu'il en soit,
ce bruit avoit fait singulièrement rechercher Phlégon, à tel point que les *Scriptores rerum mirabilium*
(sur lesquels, par parenthèse, nos bibliographes
sont bien loin d'avoir des idées nettes) furent portés
à 54 liv., chez M. Gouttard, prix encore bien
éloigné de celui auquel ils s'élèveroient, s'il étoit
vrai qu'ils eussent parlé des ténèbres. L'édition de
1622 ne diffère des autres que par le titre commun
sous lequel elle les a réunis.

C'est une curiosité du même genre qui a fait valoir, pendant quelques années, le *Mirabilis liber* (1),
appelé autrement, fort improprement, *les Prédic-
tions de saint Césaire*, quoiqu'il n'y soit pas question
de saint Césaire, et qu'une petite note placée, ce
me semble, au revers du titre, attribue ces prophéties
à un évêque Bémécnobius, aussi inconnu dans la
littérature que dans la légende. Ce misérable alma-
nach a été imprimé une fois, sous la date de 1524,
et une ou deux fois sans date, mais un peu antérieurement, et toujours en caractères gothiques
d'une très méchante forme. L'édition que j'ai vue

_____

(1) Je me serois étendu plus au long sur ce livre qui excite
encore quelque curiosité, si on ne m'avoit assuré que M. Salgues
s'en occupe dans sa *Réfutation des Erreurs populaires*. Un
raisonneur aussi spirituel n'a pas besoin du foible appui que
mon opinion pourroit lui prêter.

le moins souvent est celle qui a ces mots si brusquement imprimés au bas de la justification de la
dernière page, que le livre paroît imparfait au
premier coup-d'œil : *On les vend rue Saint-Jacques,
à l'Éléphant.* Le mérite du *Mirabilis liber* est tout
entier dans deux ou trois pages des *folios* de la cinquième ou sixième dixaine, où l'on a prétendu
trouver l'histoire de la révolution française, au
rapport de la date près, qu'on a toutefois rectifiée,
par un petit subterfuge de chronologie. Le fait est
que le compilateur de ces niaiseries, comme tous
les charlatans de cette espèce, a eu le bonheur de
rencontrer deux ou trois vérités singulières au milieu de cent absurdités révoltantes ; d'où il suit que
saint Césaire n'est pas plus fort en prescience que le
démon, et que le *Mirabilis liber* n'est pas plus digne
de foi que Nostradamus. Il y a sans doute quelque
manière de pressentir l'avenir, et de calculer, sur des
données presque sûres, les différentes combinaisons
des événemens possibles ; c'est un secret qu'on
n'apprendra pourtant ni de Béméchobius, ni de
Cardan, ni de Maupertuis, mais de l'expérience de
l'histoire, et de l'étude des hommes ; il ne faut être
pour cela, ni saint, ni enthousiaste, ni sorcier,
mais philosophe et observateur.

XIX. On ne finiroit pas si l'on vouloit compter
tous les moyens dont on fait usage dans le trafic des
livres, pour hausser le prix des ouvrages les plus
communs et les moins considérés. On a fait passer

dans des ventes, pour une des productions les plus
anciennes de l'imprimerie, puisqu'elle se trouveroit
antérieure à ses premiers monumens connus, une
édition des sermons de *Léonard* de Utins, fort re-
commandable d'ailleurs, mais où la date de 1446
ne se rapporte qu'à la réunion des pièces dont ce
volume est composé, et non à celle de leur impression. On est même allé plus loin; car, dans ce cas,
la supercherie peut au moins se couvrir du prétexte
de l'ignorance; je veux parler de la petite manœuvre
que je remarque dans la plupart des exemplaires de
l'*Hypnérotomachie* de Poliphile, imprimée à Ve-
nise, chez les Aldes, en 1499; non celle de l'auteur
Franciscus Columna, qui s'est avisé de cacher son
nom dans les initiales de ses chapitres, comme
Estienne Tabourot l'a fait depuis; car elle n'a rien
que de fort innocent, et c'étoit le moins que pût
faire un moine amoureux, qui écrivoit ses rêves;
mais celle de certains trafiquans de raretés qui, au
moyen de la lacération du dernier feuillet de cet
ouvrage, où la date est portée, en ont supposé une
édition de 1467, faite à Trévise, parce que cette
indication, qui est celle du tems et du lieu où *le
Songe* de Poliphile fut composé, se trouve à la fin
du texte. Le frontispice du joli Charron des Elze-
viers, sans date, représentant une figure de la Sagesse toute nue, qui offense les regards de quelques
lecteurs trop chastes, ou plutôt trop irritables, et se
trouvant quelquefois déchiré ou masqué d'une tache
d'encre, on l'a contrefait avec beaucoup d'art, et

de manière à satisfaire les curieux dont les exemplaires ont souffert cette défectuosité; mais ce nouveau titre se multiplie, depuis quelque temps, au
devant des exemplaires de 1656 et de 1662, dont
la valeur est extrêmement inférieure. C'est ce qui a
fait croire à certains amateurs, que la première de
ces éditions étoit la même que celle sans date, avec
un frontispice particulier, les exemplaires sans date,
qu'ils ont pris pour objet de comparaison, étant
falsifiés.

XX. On n'a pas mis moins d'adresse à attacher
des notes de rareté extraordinaire à certains livres,
en faveur desquels on vouloit exciter toute l'ar-
deur des enchères. Il y a des exemples fort curieux
de cette espèce de charlatanisme, dans le catalogue
de Filheul, où des ouvrages de la classe la plus
ordinaire sont relevés par le superlatif opposé, ce
qui n'a point empêché que la plupart d'entr'eux ne
se vendissent à leur taux naturel; de ce nombre est
l'édition originale des excellens commentaires de
Bachet de Meziriac, sur les *Héroïdes* d'Ovide, qui
est en effet difficile à trouver, aussi bien que sa *Vie
d'Esope*, également imprimée à Bourg-en-Bresse,
mais dont le prix ne sauroit outrepasser celui des
bons livres communs, depuis que M. de Sallengre
l'a fait réimprimer à la Haye, en 1716. Je ne dis-
conviens pas qu'il n'y ait quelques livres d'un mérite assez éminent, qui sont injustement négligés
par les bibliographes, pour l'avoir été par les cu-

rieux, et qu'un homme de lettres, doué d'un sain esprit de critique, n'en puisse faire une notice aussi curieuse qu'utile; mais ce n'est pas au point qu'on doive croire, qu'une de ces merveilles enterrées feroit une époque remarquable dans la littérature; on connoît assez généralement ce qui mérite le mieux d'être connu, et les acquéreurs de trésors enfouis sont presque toujours pris pour dupes. Ce qu'il y a de scandaleux, c'est que des gens de lettres eux-mêmes descendent à des fraudes si basses, pour faire rechercher leurs ouvrages avec plus d'empressement, soit à l'instigation de l'amour-propre, soit à celle de la cupidité; et qu'un Gabriel Naudé, entr'autres, ait osé dire que ses *Considérations sur les coups d'état*, imprimées à Paris, sous le titre de Rome, en 1639, in-4°, n'avoient été tirées qu'à douze exemplaires, quand il y en a près de quarante connus dans les principales bibliothèques de l'Europe. Il seroit à souhaiter, pour son honneur, qu'on pût prouver qu'il a été contrefait sous la même date, et antérieurement à la contrefaçon de Strasbourg, 1673, qu'il faudroit bien préférer à la sienne, à cause des bonnes notes de Louis du May.

XXI. Cela me ramène au changement de titre, pour un ouvrage mal débité, qui est une espèce de supercherie très vulgaire. En effet, les *Considérations sur les coups d'état*, de l'édition de Louis du May, sont intitulées: *Science des Princes*, ce qui est tout différent, quant à l'expression, car c'est la même chose pour le sens. Nos libraires ignorent si peu cette ressource, qu'il m'est arrivé trois ou quatre fois de recommencer, sous un titre nouveau, la lecture de l'ouvrage qui m'avoit impatienté la veille; et j'ai éprouvé la même chose au théâtre, où le même drame attire les mêmes spectateurs, au moyen d'une double affiche. J'ai connu un de ces auteurs à titres renouvelés, qui disoit avec orgueil, à chaque nouvelle apparition de son livre : Ils me liront, cette fois ! Si les curieux vouloient réunir tous ces titres, comme ils le désirent, pour la petite traduction de Spinosa, par le baron de Saint-Glain (1), le volume se doubleroit.

XXII. Parmi ces supercheries de titres ; et tout en parlant d'athées, il ne faut pas oublier l'adresse avec laquelle certains sectaires ont fait passer leur opinion, sous la livrée de l'opinion opposée. Je n'ai jamais lu l'*Atheismus triumphatus* de Campanella ; mais j'ai entendu dire souvent que ce livre, où les raisons de l'athéisme étoient fort bien alléguées, faisoit valoir de si mauvais argumens en réponse,

---

(1) Cette traduction a été imprimée sous les trois titres suivans : *Clé du Sanctuaire*, *Traité des Cérémonies superstitieuses des Juifs*, et *Réflexions curieuses d'un esprit désintéressé*, *sur les matières du salut*. C'est avec ces trois titres qu'on la recherche, car elle est d'ailleurs fort commune, ayant été non seulement tirée à un grand nombre d'exemplaires, mais composée en même tems dans deux imprimeries différentes.

qu'il étoit impossible de méconnoître l'intention de
l'auteur. C'est ce qui est arrivé aussi à la *Réfutation
de Spinosa*, par Fénélon, Lamy et Boulainvilliers,
imprimée à Bruxelles, en 1731; la réfutation de
Boulainvilliers n'ayant pas été achevée, il n'en
existoit que la partie des hypothèses à combattre,
fort habilement présentée, ce qui occasionna la
suppression de l'ouvrage, sans le rendre beaucoup
plus rare. Nos philosophes du dix-huitième siècle
n'ont pas négligé ce procédé, et leur *Dictionnaire
théologique* en offre, entre mille, un exemple auquel maints libraires se sont trompés.

XXIII. Quoique je n'aie pas abordé, à beaucoup
près, toutes les *Questions de littérature légale*, que
j'aie touché, au contraire, à beaucoup de questions
bibliologiques, qui n'y ont aucun rapport, et que
dans celles qui ont occupé ma plume, je n'aie rien
approfondi d'une manière satisfaisante pour les vrais
érudits, toute la latitude de ce foible travail étant
circonscrite aux facultés d'une mémoire usée et
privée de la ressource des livres, il me semble que
j'ai fait assez bien voir que les palmes de la littérature avoient pu souvent être en proie à des
hommes dénués de délicatesse et d'honneur, qui ne
regardoient la carrière du talent que comme un des
chemins de la fortune. C'est sans doute une des
choses les plus déplorables de ce monde, que de
voir jointes les qualités les plus puissantes du génie
à des vices qui le dégradent; mais c'est heureuse-

ment une chose plus rare qu'on ne le pense; et
puisque ce dernier thème se lie naturellement à ceux
que je viens de traiter, je ne crains pas de dire
qu'il mérite l'attention des gouvernemens et la
prévoyance des lois. Les gens de lettres exercent,
par l'influence de leur propre talent, une véritable
magistrature, dont l'effet est peut-être plus sûr que
celui des magistratures constituées, car il a l'attrait
du plaisir, et n'excite point la prévention, qui
arme trop souvent l'esprit contre le pouvoir. Il est
donc très important à la perfection du système
social, que l'homme de lettres distingué soit aussi
un honnête homme, puisque la supériorité de son
esprit le rend propre à imprimer une grande impul-
sion au caractère de la foule. Le grand écrivain ne
peut pas se défendre de sa destinée, qui l'a fait
homme public ; mais il lui doit de la justifier par la
vertu. S'il altère la noble empreinte du génie, il faut
que la patrie dévoue ses crimes avec plus de rigueur
que les crimes communs, car les siens ne peuvent
pas l'être; il n'a que de grands exemples à donner
au monde et à la postérité.

Je crois donc que cette espèce de censure qui
interdiroit à un homme de mœurs odieuses le droit
de publier ses pensées, seroit très avantageuse à la
morale publique sans être funeste à la littérature,
qui doit toutefois lui être bien subordonnée. Les
exemples de grands génies que de grands torts ont
flétris sont infiniment rares, et il seroit à souhaiter

qu'ils n'existassent pas, au prix même des beaux
ouvrages que nous serions obligés d'y perdre. Ce
sont des choses qui s'allient naturellement dans l'or-
ganisation d'un homme supérieur, que le talent et
la vertu; et, quand le hasard les sépare, son caprice
ne doit être considéré que comme une exception;
encore, cela me paroît-il susceptible de quelque
difficulté, et je serois bien porté à croire qu'il n'y a
pas eu un méchant dont on ne puisse contester le
génie, dans la plus haute acception de ce mot;
tant il me paroît difficile que le génie, qui est comme
une inspiration toute divine, et qui porte ordinairement avec lui tous les attributs de sa noble essence,
se dégrade à animer les conceptions d'un mauvais
cœur et d'un esprit dépravé. Les tems anciens sont
d'accord avec les modernes, pour l'application de
ce principe; et Platon, Virgile, Corneille, Racine,
Fénélon seroient morts sans avoir enfanté ces chefs-
d'œuvre qui placent leurs noms au-dessus de tout le
reste de l'humanité, qu'on les citeroit peut-être encore comme les modèles de toutes les qualités so-
ciales. Je vois seulement que la Grèce auroit perdu,
à l'institution dont je parle, un Archiloque, si ad-
miré tout à la fois et si méprisable, et dont le tems
semble avoir fait justice, au défaut des lois, en dé-
truisant les seuls titres qu'il eut à la gloire, tandis
qu'il a laissé subsister tous ceux que l'histoire lui
donne à l'exécration. Chez les Romains, je ne connois que Salluste, dont la vie infâme ait souillé un
mérite réellement rare et regrettable; et J. B. Rous-

eeau me paroît le seul de nos écrivains du premier
ordre, qui ait laissé aux honnêtes gens plus de torts
à déplorer, qu'aux écrivains de beaux modèles à
suivre; car je ne pense pas que la gloire de la littérature française fût sérieusement compromise, quand
même un François Villon n'auroit pas *débrouillé*
l'art confus de nos vieux romanciers, qu'on eût bien
débrouillé sans lui; quand un le Noble n'auroit pas
dérobé le tems d'accumuler ses ennuyeuses compilations au loisir de la prison et des galères; et quand
une mort honteuse auroit surpris le Motteux dans un
lieu de débauche, avant qu'il eût hasardé ses pitoyables conjectures sur Rabelais.

Un homme de mauvaises mœurs ayant énoncé à
Sparte une opinion utile, l'éphore la fit répéter par
un autre, de crainte que le peuple ne laissât re-
tomber sur le premier quelque chose de la considération que cette idée méritoit. Il devroit en être de
même dans les lettres. Quel que soit le motif de l'estime dont l'opinion investit un scélérat, il est de
l'intérêt de la morale que ce motif soit anéanti. Je
n'en excepterois pas l'Iliade.

NOTES.

(A MONTAIGNE.

En premier lieu je te demande, Cinna, paisible audience ; n'interromps pas mon parler. Je te donneray tems et loisir d'y répondre. Tu sais, Cinna, que t'ayant pris au camp de mes ennemis, non seulement t'estant fait mon ennemy, mais estant né tel, je te sauvay ; je te mis entre mains tous tes biens, et t'ay enfin rendu si accomodé et si aysé que les victorieux sont envieux de la condition du vaincu. L'office du sacerdoce que tu me demandas, je te l'octroyai, l'ayant refusé à d'autres desquels les pères avoient tousjours combattu avec moy. T'ayant si fort obligé, tu as entrepris de me tuer. A quoi Cinna s'estant escrié qu'il estoit bien esloigné d'une si meschante pensée : Tu ne me tiens pas, Cinna, ce que tu m'avois promis, suivit Auguste ; tu m'avois asseuré que je ne serois pas interrompu. Ouy, tu as entrepris de me tuer, en tel lieu, tel jour, telle compagnie, et de telle façon. Et le voyant transi de ces nouvelles, et en silence, non plus pour tenir le marché de se taire, mais de la presse de sa conscience : Pourquoy, adjousta-t-il, le fais-tu ? Est-ce pour estre empereur ? Vrayment, il va bien mal à la chose publique s'il n'y a que moi qui t'empesche d'arriver à l'Empire. Tu ne peux pas seulement défendre ta maison, et perdis dernièrement un procès par la faveur d'un simple libertin. Quoy ! n'as-tu moyen ny pouvoir en autre chose qu'à entreprendre César ? Je le quitte s'il n'y a que moy qui empesche tes espérances. Penses-tu que Paulus, que Fabius, que les Cosséens et Serviliens te souffrent, et une si grande troupe de nobles, non seulement nobles de nom, mais qui, par leur vertu, honorent leur noblesse ? Après plusieurs autres propos, car

Il parla à lui plus de deux heures entières: Or va, lui dit-il, je te donne, Cinna, la vie, à traistre et à parricide, que je te donnai autrefois à ennemy. Que l'amitié commence de ce jour d'huy entre nous. Essayons qui de nous deux de meilleure foy, moy, t'ai donné ta vie, ou tu l'ayes reçeue.

(Le récit de Montaigne est lui-même littéralement dérobé à Sénèque.)

CORNEILLE.

AUGUSTE.

Prends un siége, Cinna, prends, et sur toute chose
Observe exactement la loi que je t'impose :
Prête, sans me troubler, l'oreille à mes discours ;
D'aucun mot, d'aucun cri n'en interromps le cours ;
Tiens ta langue captive ; et si ce grand silence,
A ton émotion fait quelque violence,
Tu pourras me répondre après tout à loisir.
Sur ce point seulement contente mon désir.

CINNA.

Je vous obéirai, seigneur.

AUGUSTE.

        Qu'il te souvienne
De garder ta parole, et je tiendrai la mienne.
Tu vois le jour, Cinna; mais ceux dont tu le tiens
Furent les ennemis de mon père et les miens :
Au milieu de leur camp tu reçus la naissance ;
Et lorsqu'après leur mort tu vins en ma puissance ;
Leur haine, enracinée au milieu de ton sein,
T'avoit mis contre moi les armes à la main.
Tu fus mon ennemi même avant que de naître,
Et tu le fus encore quand tu me pus connoître ;
Et l'inclination jamais n'a démenti
Ce sang qui t'avoit fait du contraire parti.
Autant que tu l'as pu les effets l'ont suivie.
Je ne m'en suis vengé qu'en te donnant la vie :
Je te fis prisonnier pour te combler de biens ;
Ma cour fut ta prison, mes faveurs tes liens.
Je te restituai d'abord ton patrimoine ;
Je t'enrichis après des dépouilles d'Antoine ;

Et tu sais que depuis, à chaque occasion,
Je suis tombé pour toi dans la profusion.
Toutes les dignités que tu m'as demandées,
Je te les ai sur l'heure et sans peine accordées ;
Je t'ai préféré même à ceux dont les parens
Ont jadis dans mon camp tenu les premiers rangs ;
A ceux qui de leur sang m'ont acheté l'empire,
Et qui m'ont conservé le jour que je respire :
De la façon enfin qu'avec toi j'ai vécu,
Les vainqueurs sont jaloux du bonheur du vaincu.
Quand le ciel me voulut, en rappelant Mécène,
Après tant de faveurs montrer un peu de haine,
Je te donnai sa place, en ce triste accident,
Et te fis, après lui, mon plus cher confident.
Aujourd'hui même encor, mon ame irrésolue,
Me pressant de quitter ma puissance absolue,
De Maxime et de toi j'ai pris les seuls avis ;
Et ce sont, malgré lui, les tiens que j'ai suivis.
Bien plus, ce même jour je te donne Emilie,
Le digne objet des vœux de toute l'Italie,
Et qu'ont mise si haut mon amour et mes soins,
Qu'en te couronnant roi je t'aurois donné moins.
Tu t'en souviens, Cinna : tant d'heur et tant de gloire
Ne peuvent pas sitôt sortir de ta mémoire ;
Mais ce qu'on ne pourroit jamais s'imaginer,
Cinna, tu t'en souviens, et veux m'assassiner.

CINNA.

Moi, seigneur, moi, que j'eusse une ame si traîtresse !
Qu'un si lâche dessein . . . .

AUGUSTE.

                 Tu tiens mal ta promesse :
Sieds-toi ; je n'ai pas dit encor ce que je veux ;
Tu te justifieras après, si tu le peux.
Ecoute cependant, et tiens mieux ta parole.
Tu veux m'assassiner demain au Capitole,
Pendant le sacrifice ; et ta main, pour signal,
Me doit, au lieu d'encens, donner le coup fatal ;
La moitié de tes gens doit occuper la porte,
L'autre moitié te suivre et te prêter main forte.
Ai-je de bons avis ou de mauvais soupçons ?
De tous ces meurtriers te dirai-je les noms ?
Procule, Glabrion, Virginian, Rutile,
Marcel, Plaute, Tenas, Pompone, Albin, Icile,

Maxime, qu'après toi j'avois le plus aimé;
Le reste ne vaut pas l'honneur d'être nommé;
Un tas d'hommes perdus de dettes et de crimes,
Que pressent de mes lois les ordres légitimes,
Et qui, désespérant de les plus éviter,
Si tout n'est renversé ne sauroit subsister.
Tu te tais maintenant, et garde le silence,
Plus par confusion que par obéissance.
Quel étoit ton dessein, et que prétendois-tu,
Après m'avoir au temple à tes pieds abattu ?
Affranchir ton pays d'un pouvoir monarchique ?
Si j'ai bien entendu tantôt ta politique,
Son salut désormais dépend d'un souverain
Qui, pour tout conserver, tienne tout dans sa main;
Et si sa liberté te faisoit entreprendre,
Tu ne m'eusses jamais empêché de la rendre.
Tu l'aurois accepté au nom de tout l'état,
Sans vouloir l'acquérir par un assassinat.
Quel étoit donc ton but? d'y régner en ma place !
D'un étrange malheur son destin la menace,
Si, pour monter au trône et lui donner la loi,
Tu ne trouves dans Rome autre obstacle que moi;
Si, jusques à ce point, son sort est déplorable,
Que tu sois, après moi, le plus considérable,
Et que ce grand fardeau de l'empire romain,
Ne puisse, après ma mort, tomber mieux qu'en ta main.
Apprends à te connoître et descends en toi-même.
On t'honore dans Rome, on te courtise, on t'aime;
Chacun tremble sous toi, chacun t'offre des vœux;
Ta fortune est bien haut ! tu peux ce que tu veux;
Mais tu ferois pitié, même à ceux qu'elle irrite,
Si je t'abandonnois à ton peu de mérite.
Ose me démentir : dis-moi ce que tu vaux;
Conte-moi tes vertus, tes glorieux travaux;
Les rares qualités par où tu m'as dû plaire,
Et tout ce qui t'élève au dessus du vulgaire.
Ma faveur fait ta gloire, et ton pouvoir en vient;
Elle seule t'élève et seule te soutient :
C'est elle qu'on adore et non pas ta personne;
Tu n'as crédit ni rang qu'autant qu'elle t'en donne;
Et, pour te faire choir, je n'aurois, aujourd'hui,
Qu'à retirer la main qui, seule, est ton appui.
J'aime mieux, toutefois, céder à ton envie :
Règne, si tu le peux, aux dépens de ma vie;

Mais oses-tu penser que les Serviliens,
Les Cosse, les Métel, les Paul, les Fabiens;
Et tant d'autres enfin, de qui les grands courages,
Des héros de leur sang sont les vives images,
Quittent le noble orgueil d'un sang si généreux,
Jusqu'à pouvoir souffrir que tu règnes sur eux?

. . . .

. . . .

Soyons amis, Cinna, c'est moi qui t'en convie;
Comme à mon ennemi je t'ai donné la vie;
Et; malgré la fureur de ton lâche dessein,
Je te la donne encor comme à mon assassin.
□Commençons un combat qui montre par l'issue,
Qui l'aura mieux de nous ou donnée ou reçue.

N. B. Le fameux monologue d'Auguste, dont il n'est pas parlé dans le texte, se retrouve également dans Montaigne. Sur les autres plagiats de Corneille, voyez l'examen du Cid, par Scudéry.

(B MONTAIGNE.

Or, je vous veux monstrer combien la religion que je tiens est plus douce que celle de quoy vous faites profession. La vostre vous a conseillé de me tuer sans m'ouïr, n'ayant reçu de moi aucune offense, et la mienne me commande que je vous pardonne, tout convaincu que vous estes de m'avoir voulu tuer sans raison.

VOLTAIRE.

Des dieux que nous servons connois la différence.
Les tiens t'ont commandé le meurtre et la vengeance;
Le mien, lorsque ton bras vient de m'assassiner,
M'ordonne de te plaindre et de te pardonner.

(C MONTAIGNE.

Je conçois aisément Socrate en la place d'Alexandre;
Alexandre en celle de Socrate, je ne puis.

ROUSSEAU.

Vous ches qui la guerrière audace
Tient lieu de toutes les vertus,
Concevez Socrate à la place
Du fier meurtrier de Clitus.
Vous verrez un roi respectable,
Humain, généreux, équitable,
Un roi digne de vos autels.
Mais à la place de Socrate,
Le fameux vainqueur de l'Euphrate
Sera le dernier des mortels.

(D CASSAIGNE.

Je chante ce héros qui régna sur la France ,
Et par droit de conquête , et par droit de *chevance*.

VOLTAIRE.

Je chante ce héros qui régna sur la France ,
Et par droit de conquête , et par droit de *naissance*.

(E DU RYER.

Donc vous vous figurez qu'une bête assommée ,
Tienne votre fortune en son ventre enfermée,
Et que des animaux les sales intestins
Soient un temple adorable où parlent les destins.
Ces superstitions, et tout ce grand mystère,
Sont propres seulement à tromper le vulgaire.

VOLTAIRE.

Cet organe des dieux est-il donc infaillible ?
Un ministère saint les attache aux autels,
Ils approchent des dieux, mais ils sont des mortels.
Pensez-vous qu'en effet, au gré de leur demande ,
Du vol de leurs oiseaux la vérité dépende ?
Que, sous un fer sacré, des taureaux gémissans
Dévoilent l'avenir à leurs regards perçans,
Et que, de leurs festons, ces victimes ornées,
Des humains, dans leurs flancs, portent les destinées ?
Non, non ; chercher ainsi l'obscure vérité ,
C'est usurper les droits de la divinité.
Nos prêtres ne sont pas ce qu'un vain peuple pense :
Notre crédulité fait toute leur science.

(F THÉOPHILE.

Mais je me sens jaloux de tout ce qui te touche;
De l'air qui, si souvent, entre et sort par ta bouche;
Je crois qu'à ton sujet le soleil fait le jour
Avecque des flambeaux et d'envie et d'amour.
Les fleurs que, sous tes pas, tous les chemins produisent,
Dans l'honneur qu'elles ont de te plaire me nuisent.
Si je pouvois complaire à mon jaloux dessein,
J'empêcherois tes yeux de regarder ton sein.
Ton ombre suit ton corps de trop près, ce me semble;
Car nous deux seulement devons aller ensemble.
Bref, un si rare objet m'est si doux et si cher
Que ma main seulement me nuit de te toucher.

CORNEILLE.

PSYCHÉ.

Des tendresses du sang peut-on être jaloux?

L'AMOUR.

Je le suis, ma Psyché, de toute la nature.
Les rayons du soleil vous baisent trop souvent;
Vos cheveux souffrent trop les caresses du vent;
Dès qu'il les flatte, j'en murmure.
L'air même que vous respirez,
Avec trop de plaisir passe par votre bouche.
Votre habit de trop près vous touche.

(G MONTAIGNE.

Liv. Ier, chap. 18.

Qu'il ne faut juger de notre heur qu'après la mort.

Et semble que la fortune quelquefois guette à point nommé le dernier jour de notre vie, pour montrer sa puissance, de renverser en un moment ce qu'elle a basti en longues années, et nous fait crier après Laberius : *Nimi-*

CHARRON.

Liv. II, chap. 2.

Se tenir toujours prêt à la mort : fruit de sagesse.

Le jour de la mort est le maître jour, le juge de tous les autres jours, auquel se doivent toucher et éprouver toutes les actions de notre vie.... Pour juger de la vie, il faut regarder comment s'en est porté le bout. L'on ne peut

rùm hâc die unâ plus viximihi
quàm vivendum fuit.... On ne
doit juger l'homme qu'on ne
lui ait vu jouer le dernier acte
de sa comédie, et sans doute
le plus difficile.... En tout le
reste il peut y avoir du masque... Mais à ce dernier roelle
de la mort et de nous, il n'y
a plus que feindre, il faut
parler françois....

Nam veræ voces tum demum pectore
ab imo
Ejiciuntur, et eripitur persona,
manet res.

Voilà pourquoi se doivent
à ce dernier trait, toucher et
esprouver toutes les autres
actions de nostre vie. C'est le
maistre jour, c'est le jour juge
de tous les autres... Epami-
nondas, interrogé lequel des
trois il estimoit le plus, ou
Chabrias, ou Iphicrates, ou
soi-même? Il nous faut voir
mourir, dit-il, avant que
d'en pouvoir résoudre... Au
jugement de la vie d'autrui,
je regarde toujours comment
s'en est porté le bout....

Chap. 19. *Que philosopher*
c'est apprendre à mourir.

Toute la sagesse et discours
du monde se résoult enfin à
ce point de nous apprendre
à ne craindre point à mourir.

bien juger de quelqu'un, sans
lui faire tort, que l'on ne lui
aye vu jouer le dernier acte
de sa comédie, qui est sans
doute le plus difficile. Epa-
minondas, le premier de la
Grèce, enquis lequel il estimoit plus de trois hommes,
de lui, Chabrias, et Iphicrates, répondit : Il nous
faut voir premièrement mourir tous trois avant en résoudre. La raison est qu'en
tout le reste il peut avoir du
masque, mais à ce dernier
roellet il n'y a que feindre.
Nam veræ voces, etc.

D'ailleurs, la fortune semble nous guetter à ce dernier jour, comme à point
nommé, pour montrer sa
puissance, renverser en un
moment ce que nous avons
basti et amassé en plusieurs
années, et nous faire crier,
avec Laberius : *Nimirùm hâc*
die unâ plus vixi, etc.

C'est chose excellente que
d'apprendre à mourir; c'est
l'étude de la sagesse qui se
résoult toute à ce but...

Vous en avez veu qui se sont bien trouvés de mourir, eschapant par là de grandes misères. Mais quelqu'un qui s'en soit mal trouvé, en avez-vous veu?...

Chiron refusa l'immortalité, informé, des conditions d'icelle, par le dieu même du tems et de la durée, Saturne, son père. Imaginez, de vrai, combien seroit une vie perdurable, moins supportable à l'homme, et plus pénible que n'est la vie que je lui ay donnée. Si vous n'aviez la mort, vous me maudiriez sans cesse de vous en avoir privé. J'y ay à escient, meslé quelque peu d'amertume, pour vous empescher, voyant la commodité de son usage, de l'embrasser trop avidemment et indiscrètement.....

Le but de notre carrière, c'est la mort... Comment est-il possible d'aller au pas avant sa fièvre? Le remède du vulgaire, c'est de n'y penser pas. Mais de quelle brutale stupidité lui peut venir un si grossier aveuglement?... Ils vont, ils viennent, ils trottent, ils dansent: de mort nulles nouvelles. Tout cela est beau; mais quand elle arrive, ou à

Jamais la mort présente ne fit de mal à personne; et aucun de ceux qui l'ont essayée et savent ce que c'est, ne s'en est plaint.

. . . .

S'il n'y avoit point de mort, et qu'il fallût demeurer ici, bon gré mal gré, certes, l'on la maudiroit. Imaginez combien seroit moins supportable et plus pénible, une vie perdurable, que la vie avec la condition de la laisser. Chiron refusa l'immortalité, informé des conditions d'icelle, par le dieu du tems, Saturne, son père. Que seroit-ce, d'autre part, s'il n'y avoit quelque peu d'amertume meslé en la mort? Certes, l'on y courroit trop avidement et indiscrètement......

Le remède que baille en cecy le vulgaire est trop sot, qui est de n'y penser point, de n'en parler jamais. Outre que telle nonchalance ne peut loger en la teste d'homme d'entendement, encore enfin coûteroit-elle trop cher; car advenant au despourveu, la mort, quels tourmens, cris, rage, désespoir? La sagesse conseille bien mieux de l'attendre de pied ferme et de la combattre; et, pour ce faire, eux, ou à leurs femmes.... les surprenant en dessoude et au découvert, quels tourmens, quels cris, quelle rage et quel désespoir les accable?.. Pour commencer à lui oster son plus grand avantage contre nous, prenons voye toute contraire à la commune. Ostons-lui son estrangeté.........

. . . .

Si vous avez vescu un jour, vous avez tout veu ; un jour est égal à tous jours. Il n'y a point d'autre lumière ny d'autre nuict. Ce soleil, cette lune, ces estoiles, cette disposition, c'est celle même que vos ayeuls ont jouye, et qui entretiendra vos arrières neveux. Et, au pis aller, la distribution et variété de tous les actes de ma comédie se parfournit en un an. Si vous avez pris garde au branle de mes quatre saisons, elles embrassent l'enfance, l'adolescence, la virilité, et la vieillesse du monde. Il a joué son jeu ; il n'y sait autre finesse que de recommencer : ce sera tousjours cela même.

nous donne un avis tout contraire au vulgaire, c'est de l'avoir toujours en la pensée, la pratiquer, l'accoutumer, l'apprivoiser, etc. . . . .

. . . .

Tu as tout veu ; un jour est égal à tous ; il n'y a point d'autre lumière ni d'autre nuict, d'autre soleil ny d'autre train au monde ; au pis aller tout se void en un an. L'on y voit la jeunesse, l'adolescence, la virilité, la vieillesse du monde. Il n'y a autre finesse que de recommencer.

Liv. II, Chap. 3.
Coustume de l'isle de Cea.

La plus volontaire mort, c'est la plus belle... Comme

La plus volontaire mort est la plus belle. Au reste, je

je n'offense les loix qui sont faites contre les larrons, quand j'emporte le mien, et que je coupe ma bourse, ni des boute-feux quand je brûle mon bois; aussi ne suis-je tenu aux lois faictes contre les meurtriers, pour m'avoir osté ma vie..... Mais ceci ne va pas sans contraste ; car plusieurs tiennent que nous ne pouvons abandonner ceste garnison du monde, sans le commandement exprès de celuy qui nous y a mis.... Il y a bien plus de constance à user la chaîne qui nous tient qu'à la rompre; et plus d'épreuves de fermeté en Régulus qu'en Caton. C'est l'indiscrétion et l'impatience qui nous hâtent le pas. Nuls accidens ne font tourner le dos à la vraie vertu... C'est le rôle de la couardise de s'aller tapir dans un creux, sous une tombe massive, pour éviter les coups de la fortune.

n'offense pas les loix faites contre les larrons , quand j'emporte le mien et je coupe ma bourse. Aussi ne suis-je tenu aux lois faites contre les meurtriers, pour m'avoir osté la vie. D'ailleurs elle est réprouvée par plusieurs, non seulement chrétiens et juifs.... et philosophes comme Platon, Scipion, lesquels tiennent cette procédure pour vice de lascheté, couardise et impatience; car c'est s'aller cacher et tappir pour ne sentir les coups de la fortune. Or, la vraie et vive vertu ne doit jamais céder : les maux et les douleurs sont ses alimens; il y a bien plus de constance à user la chaîne qui nous tient qu'à la rompre; et plus de fermeté en Régulus qu'en Caton.

(H MONTAIGNE.

Liv. II, chap. 12.

Ceste mesme piperie que les sens apportent à nostre entendement, ils la reçoivent à leur tour; nostre ame, par

PASCAL.

Les sens abusent la raison par de fausses apparences, et cette même piperie qu'ils lui apportent, ils la reçoivent fois s'en revanche de mesme, ils mentent et se trompent à l'envy.

Quelle bonté est-ce que je veoyois hier en crédit, et demain plus, et que le trajet d'une rivière fait crime? Quelle vérité que ces montagnes bornent, qui est mensonge au monde qui se tient au delà!

Le meurtre des enfans, meurtre des pères, communication de femmes, traficque de voleries, licence à toutes sortes de voluptez. Il n'est rien en somme si extrême qui ne se treuve reçue par l'usage de quelque nation. Il est croyable qu'il y a des lois naturelles, comme il se veoid ès aultres créatures, mais cette belle raison humaine s'ingérant partout de maîtriser et commander, brouillant et

d'elle à leur tour; elle s'en revanche. Les passions de l'ame troublent les sens et leur font des impressions fâcheuses. Ils mentent et se trompent à l'envi.

On ne voit presque rien de juste ou d'injuste qui ne change de qualité en changeant de climat. Trois degrés d'élévation du pôle renversent toute la jurisprudence. Un méridien décide de la vérité. Les lois fondamentales changent. Le droit à ses époques. Plaisante justice qu'une rivière ou une montagne borne! Vérité au deçà des Pyrénées, erreur au delà . . . .
. . . .
Pourquoi me tuez-vous? Eh quoi! ne demeurez-vous pas de l'autre côté de l'eau?

Le larcin, l'inceste, le meurtre des enfans et des pères, tout a eu sa place entre les actions vertueuses...
. . . .
Il y a sans doute des lois naturelles, mais cette belle raison humaine a tout corrompu. *Nihil amplius nostri est, quod nostrum dicimur artis est; ex senatûs consultis et plebiscitis crimina exercentur, ut alim vitiis, sic nunc legibus nostris laboramus.*

confondant le visage des choses selon sa vanité et inconstance : *nihil itaque amplùs nostrum est; quod nostrum dico artis est.*

Un soufle du vent contraire, le croassement d'un vol de corbeaux, le fauls pas d'un cheval, le passage fortuit d'un aigle, un songe, une voix, un signe, une brouée matinière suffisent à le renverser et porter par terre. Donnez-lui seulement d'un rayon de soleil par le visage, et le voilà fondu et évanoui.

Qu'on jette une poultre entre ces deux tours de Notre-Dame de Paris, d'une grosseur telle qu'il nous la fault à nous promener dessus, il n'y a sagesse philosophique de si grande fermeté qui puisse nous donner courage d'y marcher comme si elle estoit à terre.

Liv. II, chap. 1.

Cette variation et contradiction que je vois en nous, si souple, a faict que auteurs nous songent deux ames, d'aultres deux puissances, qui nous accompaignent et agitent chascune à sa mode, vers le bien l'une, l'aultre

L'esprit du plus grand homme du monde n'est pas si indépendant qu'il ne soit sujet à être troublé par le moindre tintamare qui se fait autour de lui; il ne faut pas le bruit d'un canon pour empêcher ses pensées; il ne faut que le bruit d'une girouette ou d'une poulie.

Le plus grand philosophe du monde, sur une planche plus large qu'il ne faut pour marcher à son ordinaire, s'il y au-dessous un précipice, quoique sa raison le convainque de sa sûreté, son imagination prévaudra.

Suivons nos mouvemens, observons nous-mêmes, et voyons si nous n'y trouverons pas les caractères vivans de ces deux natures. Tant de contradictions se trouveroient-elles dans un sujet simple? Cette duplicité de l'homme vers le mal ; une si brusque diversité ne se pouvant bien assortir à un subject simple.

est si visible qu'il y en a qui ont pensé que nous avions deux ames , un sujet simple leur paroissant incapable de telles et si soudaines variétés , d'une présomption démesurée à un horrible abattement de cœur.

Liv. III , chap. 13.

Il n'est rien si lourdement et largement faultier que les lois , ny si ordinairement. Quiconque leur obéit parce qu'elles sont justes , ne leur obéit pas justement par où il doibt.

Rien n'est si fautif que ces loix qui redressent les fautes. Qui leur obéit parce qu'elles sont justes , obéit à la justice qu'il imagine , mais non pas à l'essence de la loi.

(1 TIMÉE de Locres.

Dieu est un cercle immense dont le centre est partout et la circonférence nulle part.

N. B. Je dois convenir que je ne donne cette pensée à Timée de Locres , que sur la foi des auteurs nombreux qui l'ont citée. Je ne l'ai pas trouvée dans le texte.

PASCAL.

Nous avons beau enfler nos conceptions , nous n'enfantons que des atomes au prix de la réalité des choses. C'est une sphère infinie , dont le centre est partout, la circonférence nulle part.

(J Je donnerai deux de ces pastiches, non comme les meilleurs d'un homme d'esprit, qui est réellement fort habile en ce genre, mais comme les plus courts de sa collection. Le premier paroît être d'après la Bruyère, et le second d'après un auteur vivant.

———

Quoique la gloire soit infuiment peu de chose en soi;

même, et ne vaut pas qu'on sacrifie son repos à un vain
appétit de la fumée qu'elle donne; je ne désapprouve pas
tout à fait la recherche qu'un si grand nombre d'hommes
font de ce fantôme, tant qu'ils ont l'espérance de le saisir
pendant le cours de leur vie, car l'espérance même est un
bien; et les illusions qui amusent nos misères sont aussi
bonnes qu'autre chose. Mais je n'ai jamais conçu qu'un être
passablement organisé, et doué de quelque sens, usât ses
jours à se préparer une réputation à venir, froide et inutile
indemnité pour sa cendre, de cette foule de soucis et d'angoisses qui remplissent l'existence des gens de lettres.

Je conviens avec vous, Criton, qu'il y a peu de sagesse
à pâlir vingt ans sur des lois barbares, pour obtenir le droit
de s'orner de la fourrure d'un petit quadrupède du nord, et
qu'on paye cher un regard du souverain quand on l'achète
au milieu du tumulte et du danger des batailles; c'est une
grande vanité des hommes, de rechercher à si haut prix
des jouissances frivoles, quand ils en pourroient goûter
gratuitement en eux-mêmes de plus pures et de plus solides; et Cynéas a dit avant vous, Criton, que le repos étant
le complément de tous les biens, il étoit absurde d'y marcher par tant de circuits quand on pouvoit s'y tenir dès l'a-
bord. Mais vous, qui êtes souverainement prudent et sage,
et qui dédaignez d'un mépris plus qu'humain, toutes les foi-
blesses puériles de vos semblables, dites-nous, Criton,
quel souci secret vous travaille depuis quelques années?
Pourquoi vous a-t-on vu, tout à coup, volontairement exilé
du monde, abandonner l'état honnête qui vous faisoit vivre,
et la maison de vos parens, et la société de vos amis, et la
cité qui reclamoit vos services? D'où vient que votre tête a
blanchi, que vos membres se sont décharnés, que vos yeux
se sont troublés comme ceux d'un maniaque? Etes-vous
malade, insensé ou poëte? Je ne me suis point mépris.
Vous travaillez à une grande épopée, qui doit faire vivre

votre réputation jusques dans les siècles les plus reculés du monde, si la mort prématurée dont la misère vous menace, attend pour vous frapper que ce bel ouvrage soit à son terme. J'aime à croire, puisque telle est votre manie, que la poussière des pyramides sera depuis long-tems balayée par le vent avant que les vers de Criton soient sortis de la mémoire des hommes, et que la postérité révèrera le nom de Criton à l'égal de Virgile et d'Homère. Mais en quoi ce nom vous est-il si cher, que vous lui fassiez le sacrifice de vos loisirs, de votre tranquillité, de votre vie entière? Qu'y a-t-il de commun entre vous et la combinaison de deux articulations prises au hasard dans l'immense répertoire des langues, pour qu'un bruit incertain de renommée, qui les accompagnera dans l'avenir, vous paroisse digne des soins qui ont sillonné votre visage? O louable vocation! admirable emploi du tems! homme vraiment judicieux, qui sourit, du haut de sa sagesse, de voir le vulgaire se consumer en efforts, pour des cordons et des hermines, et qui n'aspire, quant à lui, qu'à faire retentir, à travers les tems qui ne seront peut-être jamais, six lettres de l'alphabet arrangées dans un certain ordre!

* * *

Au treillis serré qui garnit sa fenêtre rustique, la capucine du Pérou accroche de toutes parts ses tymbales d'un verd mat et ses cornets mordorés, tandis qu'un vieux lierre, décoration naturelle de la maison du pauvre, garnit tout le mur extérieur de ses fraîches tentures, où pendent de petits bouquets de bayes noires comme le jais.

* * *

N. B. Si mon opinion sur le style des grands maîtres et sur celui des écoles, a quelque vérité, le genre de ce second pastiche étoit plus facile à saisir que le genre du premier, et l'auteur doit s'en être mieux acquitté.

CK D'APRÈS BALZAC.

A M. le duc de Vivonne.

Aux Champs-Elysées, le 2 juin.

Monseigneur, le bruit de vos actions ressuscite les morts. Il réveille des gens endormis depuis trente années, et condamnés à un sommeil éternel. Il fait parler le silence même. La belle, l'éclatante, la glorieuse conquête que vous avez faite sur les ennemis de la France! Vous avez redonné le pain à une ville qui a accoutumé de le fournir à toutes les autres. Vous avez nourri la mère nourrice de l'Italie. Les tonnerres de cette flotte, qui vous fermoit les avenues de son port, n'ont fait que saluer votre entrée. Sa résistance ne vous a pas arrêté plus long-tems qu'une réception un peu trop civile. Bien loin d'empêcher la rapidité de votre course, elle n'a pas seulement interrompu l'ordre de votre marche. Vous avez contraint, à sa vue, le sud et le nord de vous obéir. Sans châtier la mer, comme Xerxès, vous l'avez rendue disciplinable. Vous avez plus fait encore : vous avez rendu l'Espagnol humble. Après cela, que ne peut-on point dire de vous? Non, la nature, je dis la nature encore jeune, et du tems qu'elle produisoit les Alexandre et les César, n'a rien produit de si grand que sous le règne de Louis XIV. Elle a donné aux Français, sur son déclin, ce que Rome n'a pas obtenu d'elle dans sa plus grande maturité. Elle a fait voir au monde, dans votre siècle, en corps et en ame, cette valeur parfaite dont on avoit à peine entrevu l'idée dans les romans et dans les poëmes héroïques. N'en déplaise à un de vos poëtes, il n'a pas de raison d'écrire qu'au delà du Cocyte le mérite n'est plus connu. Le vôtre, monseigneur, est vanté ici, d'une commune voix, des deux côtés du Styx. Il fait sans cesse ressouvenir de vous, dans le séjour même de l'oubli; il trouve des partisans zélés dans le pays de l'indiffé-

8*

rence. Il met l'Achéron dans les intérêts de la Seine. Disons
plus : il n'y a point d'ombre parmi nous, si prévenue des
principes du portique, si endurcie dans l'école de Zénon,
si fortifiée contre la joie et contre la douleur, qui n'entende
vos louanges avec plaisir, qui ne crie miracle ! au moment
où l'on vous nomme, et qui ne soit prête de dire, avec votre
Malherbe :

> A la fin, c'est trop de silence,
> En si beau sujet de parler (1).

Pour moi, monseigneur, qui vous conçois encore beaucoup mieux, je vous médite sans cesse dans mon repos ; je
m'occupe tout entier de votre idée, dans les longues heures
de notre loisir. Je crie continuellement : le grand personnage !
et si je souhaite de revivre, c'est moins pour revoir la lumière que pour jouir de la souveraine félicité de vous entretenir, et de vous dire de bouche, avec combien de respect
je suis, de toute l'étendue de mon ame, etc.

D'APRÈS VOITURE.

A M. le duc de Vivonne.

Aux Champs-Elysées, le 2 juin.

Monseigneur, bien que nous autres morts ne prenions
pas grand intérêt aux affaires des vivans, et ne soyons pas
trop portés à rire, je ne saurois pourtant m'empêcher de

---

(1) On ne peut s'occuper de plagiat sans se rappeler que
ces deux vers ont été plaisamment dérobés par Scarron :

> Or çà, tout de bon, je commence.
> Aussi bien, c'est trop de silence
> En si beau sujet de parler.
> Ces vers sont ici d'importance :
> J'ai fort bien fait de les voler.

me réjouir des grandes choses que vous faites au-dessus de
notre tête. Sérieusement, votre dernier combat fait un bruit
du diable aux enfers. Il s'est fait entendre dans un lieu où
l'on n'entend pas Dieu tonner, et a fait connoître votre gloire
dans un pays où l'on ne connoît pas le soleil. Il est venu ici
un bon nombre d'Espagnols, qui y étoient, et qui nous en
ont appris le détail. Je ne sais pourquoi on veut faire passer
les gens de leur nation, pour fanfarons : ce sont, je vous
assure, de fort bonnes gens ; et le roi, depuis quelque tems,
nous les envoie ici, fort humbles et fort honnêtes. Sans
mentir, monseigneur, vous avez bien fait des vôtres, depuis
peu. A voir de quel air vous courez la mer Méditerranée,
il semble qu'elle vous appartienne toute entière. Il n'y a pas,
à l'heure qu'il est, dans toute son étendue, un seul corsaire
en sûreté ; et pour peu que cela dure, je ne vois pas de quoi
vous voulez que Tunis et Alger subsistent. Nous avons ici les
César, les Pompée et les Alexandre : ils trouvent tous que vous
avez assez attrapé leur air, dans votre manière de combattre.
Surtout, César vous trouve très César. Il n'y a pas jusqu'aux
Alaric, aux Genseric, aux Théodoric, et à tous ces autres
conquérans en *ic* ; qui ne parlent fort bien de votre action :
et, dans le Tartare même, je ne sais si ce lieu vous est connu,
il n'y a point de diable, monseigneur, qui ne confesse in-
génument qu'à la tête d'une armée vous êtes beaucoup plus
diable que lui. C'est une vérité dont vos ennemis tombent
d'accord. Néanmoins, à voir le bien que vous avez fait à Mes-
sine, j'estime, pour moi, que vous tenez plus de l'ange que
du diable, hors que les anges ont la taille un peu plus légère
que vous, et n'ont point le bras en écharpe. Raillerie à part,
l'enfer est extrêmement déchaîné en votre faveur. On ne
trouve qu'une chose à redire à votre conduite : c'est le peu
de soin que vous prenez quelquefois de votre vie. On vous
aime assez en ce pays-ci, pour souhaiter de ne vous y point
voir. Croyez-moi, monseigneur, je l'ai déjà dit en l'autre

monde : *C'est peu de chose qu'un demi-dieu quand il est mort.*
Il n'est rien tel que d'être vivant ; et pour moi, qui sais
maintenant par expérience, ce que c'est que de ne plus
être , je fais ici la meilleure contenance que je puis. Mais, à
ne vous rien céler, je meurs d'envie de retourner au monde,
ne fût-ce que pour avoir le plaisir de vous y voir. Dans le
dessein même que j'ai de faire ce voyage, j'ai déjà envoyé
chercher plusieurs fois les parties de mon corps pour les
rassembler; mais je n'ai jamais pu ravoir mon cœur, que
j'avois laissé en partant à ces sept maîtresses que je servois,
comme vous savez, si fidèlement , toutes sept à la fois. Pour
mon esprit, à moins que vous ne l'ayez, on m'a assuré
qu'il n'étoit plus dans le monde. A vous dire le vrai, je vous
soupçonne un peu d'en avoir au moins l'enjouement ; car
on m'a rapporté ici, quatre ou cinq mots de votre façon,
que je voudrois de tout mon cœur avoir dits, et pour lesquels je donnerois volontiers le panégyrique de Pline et
deux de mes meilleures lettres. Supposé donc que vous
l'ayez, je vous prie de me le renvoyer au plûtôt ; car, en
vérité, vous ne sauriez croire quelle incommodité c'est que
de n'avoir pas tout son esprit, surtout lorsqu'on écrit à un
homme comme vous. C'est ce qui fait que mon style aujour-
d'hui est tout changé. Sans cela, vous me verriez encore
rire, comme autrefois, avec mon compère le Brochet, et je
ne serois pas réduit à finir ma lettre trivialement, comme
je fais en vous disant que je suis, monseigneur, etc.

— — — — —

(L Maudit soit l'auteur dur, dont l'âpre et rude verve,
   Son cerveau tenaillant, rima malgré Minerve ;
   Et de son lourd marteau, martelant le bon sens,
   A fait de méchans vers douze fois douze cents.

FIN.

www.ingramcontent.com/pod-product-compliance
Lightning Source LLC
Chambersburg PA
CBHW051734090426
42738CB00010B/2247